둥글둥글 지구촌

지리
이야기

함께 사는 세상 19

둥글둥글 지구촌
지리 이야기

초판 1쇄 발행 2015년 8월 27일 | 초판 3쇄 발행 2020년 6월 15일
글쓴이 박신식 | 그린이 김석
펴낸이 홍석 | 편집부장 이정은 | 편집 차정민·이은경 | 편집진행 고양이 | 디자인 손현주
마케팅 홍성우·이가은·이송희 | 관리 김정선·정원경·최우리
펴낸곳 도서출판 풀빛 | 등록 1979년 3월 6일 제8-24호
주소 서울특별시 서대문구 북아현로 11가길 12 3층 (북아현동, 한일빌딩)
전화 02-363-5995(영업) 02-362-8900(편집) | 팩스 02-393-3858
전자우편 kids@pulbit.co.kr | 홈페이지 www.pulbit.co.kr
블로그 pulbitbooks.blog.me | 인스타그램 instagram.com/pulbitkids

ⓒ 박신식, 2015

ISBN 978-89-7474-462-5 74980
ISBN 978-89-7474-913-2 (세트)

이 도서의 국립중앙도서관 출판예정도서목록(CIP)은 서지정보유통지원시스템 홈페이지(http://seoji.nl.go.kr)와
국가자료종합목록 구축시스템(http://kolis-net.nl.go.kr)에서 이용하실 수 있습니다.
(CIP제어번호: CIP2015018669)

* 지은이와 협의해 인지는 생략합니다.
* 책값은 뒤표지에 표시되어 있습니다.

품명 아동 도서	사용연령 9세 이상
제조국 대한민국	제조년월 2020년 6월 15일
제조자명 도서출판 풀빛	연락처 02-363-5995
주소 서울특별시 서대문구 북아현로 11가길 12 3층 (북아현동, 한일빌딩)	
주의사항 종이에 베이거나 긁히지 않도록 조심하세요.	
책 모서리가 날카로우니 던지거나 떨어뜨리지 마세요.	
KC마크는 이 제품이 공통안전기준에 적합하였음을 의미합니다.	

함께 사는 세상 19

둥글둥글 지구촌
지리 이야기

박신식 글 | 김석 그림

> 작가의 말

다양한 지구의 모습을
알아 가는 여행

    지구에는 수많은 사람과 다양한 생물들이 비슷하면서도 다른 모습으로 살고 있어요. 저마다 사는 곳의 자연환경이 다르기 때문이지요.
    자연환경에서 가장 기본이 되는 것은 지형과 지리예요. 지형은 땅의 모양이에요. 산, 산맥, 고원, 계곡, 평야, 호수, 사막, 폭포, 동굴 등 우리가 살고 있는 지구에는 다양한 모습의 지형이 존재하지요. 그리고 지리는 지구상의 기후, 생물, 산과 강, 도시, 교통, 주민, 사업 따위의 상태를 말해요. 다양한 지형에 따라 다양한 지리가 만들어지는 거예요. 그래서 지형과 지리는 아주 밀접한 관계가 있지요.
    그런데 이런 지형과 지리는 오랜 시간 동안 아주 천천히 변화하기 때문에 눈에 잘 띄지 않아 무관심하기 쉬워요. 하지만 지형과 지리에 따라 사람들의 생활은 달라진답니다.
    아시아에 있는 히말라야 산맥은 혹독한 추위 때문에 사람이 살기 어려운 환경을 갖고 있어요. 나무도 많지 않아 주로 돌을 이용하여 집을 짓고

살지요. 반면 남아메리카는 적도가 지나가는 대륙이기 때문에 무척 더워서 상대적으로 서늘한 산악 지대에 사람들이 모여 살아요. 그리고 안데스 산맥은 남아메리카 대륙의 북쪽과 남쪽으로 길게 이어지기 때문에, 적도 부근과 남극 부근의 기온 차이가 크고 빙하가 시작되는 높이도 매우 달라요. 그러니 같은 안데스 산맥이어도 위도에 따라 사람들의 생활 모습도 달라진답니다.

이렇듯 지리는 우리가 사는 모습에 많은 영향을 미치기 때문에 꼭 알아 둘 필요가 있어요. 더불어 여러 나라 사람들의 다양한 생활 방식을 이해하는 데에도 큰 도움이 되지요.

이제부터 우리가 살고 있는 지구에는 어떤 지형이 있고, 독특한 지리적 환경을 갖고 있는 곳은 어디인지 찾아 떠나 볼 거예요. 여행을 하듯 이 책을 읽다 보면, 지구상에 존재하는 멋진 장소와 그곳이 만들어지게 된 까닭을 알 수 있을 거예요. 그리고 자연과 사람이 함께 살아가는 모습, 다양한 생물에 대한 이야기도 만날 수 있지요. 이 여행을 끝마칠 즈음에는 여러분의 호기심이 한 뼘 더 자라 있길 바랄게요.

2015년 8월
박신식

차례

작가의 말 ··· 4

1장 — 아시아

세계의 지붕 히말라야 산맥 ··· 10
하늘과 가장 가까운 땅 에베레스트 산 ··· 16
섬도 많고 화산도 많은 나라 인도네시아 ··· 25
시베리아의 맑은 진주 바이칼 호수 ··· 31
용이 지켜 주는 섬 하롱베이 ··· 37
바닷속의 신비 마리아나 해구 ··· 43
호랑이를 닮은 지형 한반도 ··· 48

2장 — 유럽

유럽을 가르는 장벽 알프스 산맥 ··· 58
냉정과 열정 사이 아이슬란드 ··· 65
바다처럼 넓은 호수 카스피 해 ··· 72
해안선이 구불구불 피오르 해안 ··· 76
죽음의 바다 사해 ··· 80

3장 — 북아메리카

대륙이 되기엔 조금 모자란 섬 그린란드 ··· 88
강과 바다의 싸움터 펀디 만 ··· 95
북아메리카의 기둥 로키 산맥 ··· 98
지질학의 교과서 그랜드 캐니언 ··· 104
미국과 캐나다의 경계 나이아가라 폭포 ··· 108

4장 — 남아메리카

지구를 숨 쉬게 하는 물줄기 **아마존 강** … 116
남아메리카의 삶의 터전 **안데스 산맥** … 122
사막이 호수로 변신하는 마술 **우유니 소금 사막** … 131
세상에서 가장 큰 폭포 **이구아수 폭포** … 138
진화론을 증명하는 땅 **갈라파고스 제도** … 143

5장 — 아프리카

드넓은 동물의 왕국 **사바나** … 152
아프리카의 척박한 땅 **사하라 사막** … 158
생태계의 보물 창고 **마다가스카르 섬** … 164
평평한 산꼭대기 **테이블 산** … 171

6장 — 오세아니아와 극지방

신비한 색을 뽐내는 바위 **울루루** … 176
산호가 만든 아름다운 지형 **그레이트배리어리프** … 181
지구의 비밀을 담고 있는 곳 **남극 램버트 빙하** … 185
얼음 속의 기적 **북극권 툰드라** … 193

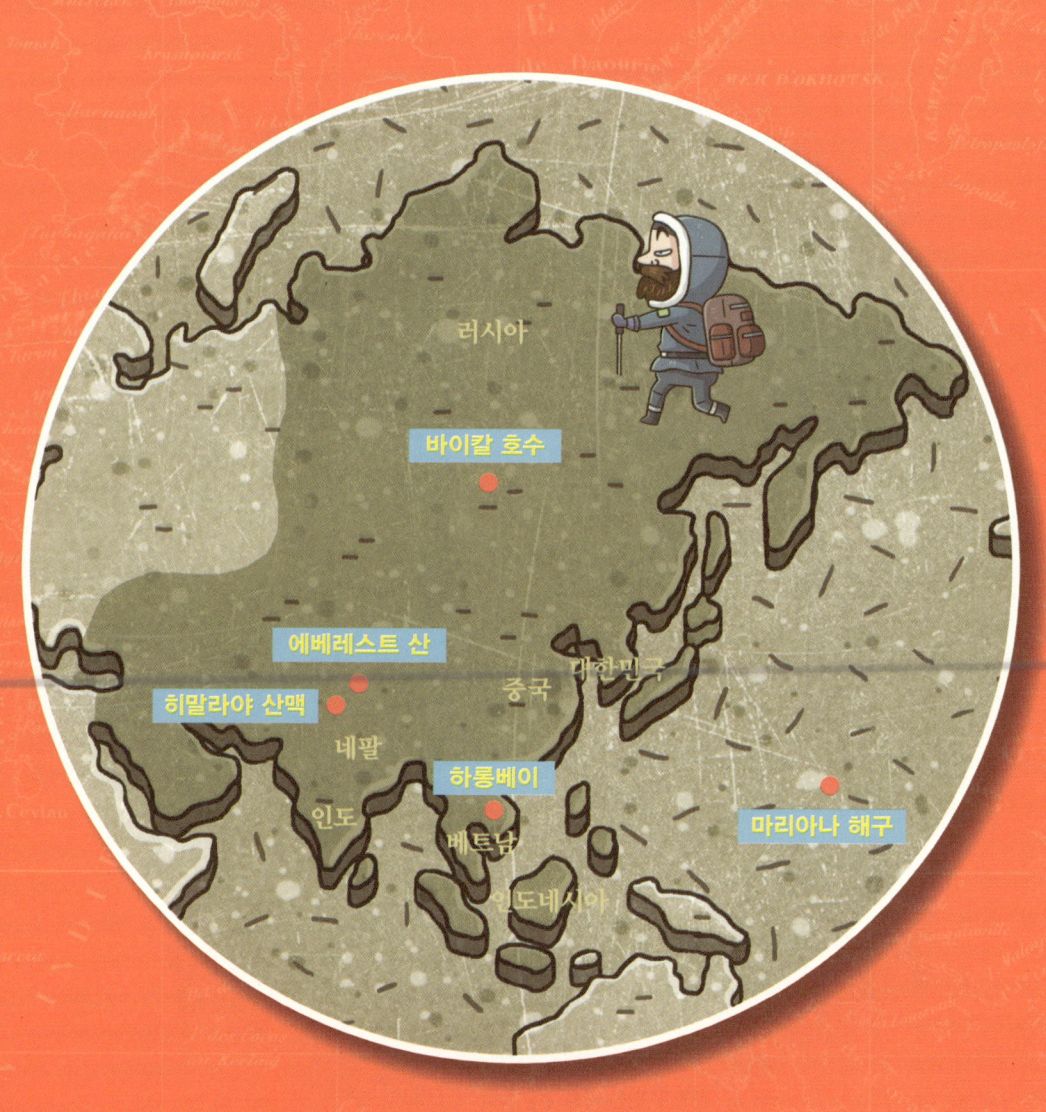

1장
아시아

우리나라가 속해 있는 아시아는 세계에서 가장 넓은 대륙이야.
전 세계 육지의 30퍼센트를 차지하고 있지.
아시아에는 세계에서 가장 높은 산과 산맥이 있고
사막이나 고원은 물론, 평야와 섬까지 다양한 지리적 환경을 갖추고 있어.
그만큼 다양한 민족이 살아가고 있어서
종교나 생활 방식이 무척 다양하지.
우리에겐 가깝게 느껴지는
아시아로 떠나 보자!

세계의 지붕
히말라야 산맥

하늘과 가장 가까운 땅은 어디일까?

지금부터 동네를 빙 둘러보자. 아마 주위에서 산 하나쯤은 발견할 수 있을 거야. 왜냐하면 우리나라는 국토의 70퍼센트가 산으로 이루어졌기 때문이야. 그래서 어딜 가나 뾰족하게 솟은 산을 쉽게 볼 수 있어. 이렇게 평평한 육지 위로 높이 솟아 있는 땅을 '산'이라고 해. 그리고 산과 산들이 일정한 방향으로 이어져 있는 줄기를 '산맥'이라고 하지.

자, 문제! 세계에서 가장 높은 산과 산맥은 어디일까? 너무 쉽다고? 맞아, 아시아 남부에 있는 에베레스트 산(8,848미터)과 히말라야 산맥이야. 히말라야 산맥에는 에베레스트 산을 포함해서 해발 8천 미터가 넘는 봉우리가 14개나 있으니까 세상에서 하늘과 가장 가까운 땅이라고 할 수 있어.

히말라야 산맥의 길이는 약 2,400킬로미터, 폭은 약 200~400킬로미터야. 얼마나 긴지 감이 잘 안 온다고? 우리가 살고 있는 한반도의 총 길이가 약 1천 킬로미터니까…… 헉, 히말라야 산맥의 길이가 한반도 길이의 2배가 넘는구나. 히말라야 산맥은 북서쪽에서 남동쪽으로 활처럼 휘어 있어서 파키스탄, 인도, 중국, 네팔, 부탄 등 여러 나라에 걸쳐 있어.

이렇게 길다 보니까 히말라야 산맥을 대(大)히말라야 산맥, 시왈리크 산맥, 소(小)히말라야 산맥으로 산계둘 이상의 산맥이 모여 하나의 계통을 이루는 것를 나누기도 해. 특히 산맥들의 중심이 되는 대히말라야 산맥에는 세계에서 손꼽히는 봉우리들이 우뚝 솟아 있지.

히말라야 산맥이 높아지고 있다고?

히말라야 산맥처럼 높고 기다란 산맥은 어떻게 생겨났을까? 약 2억 5천만 년 전에는 지구의 육지가 거대한 하나의 땅덩이였어. 그런데 이것이

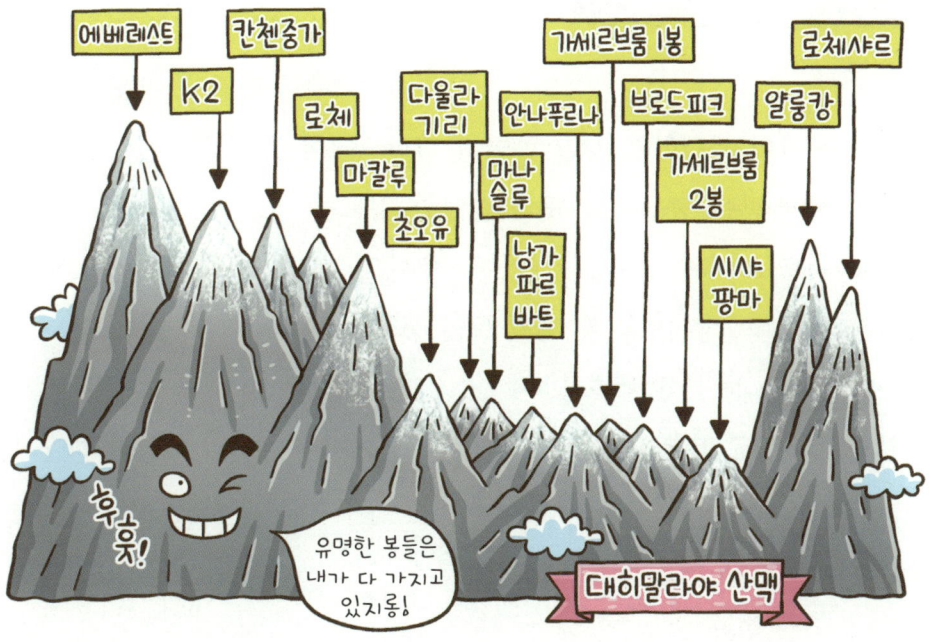

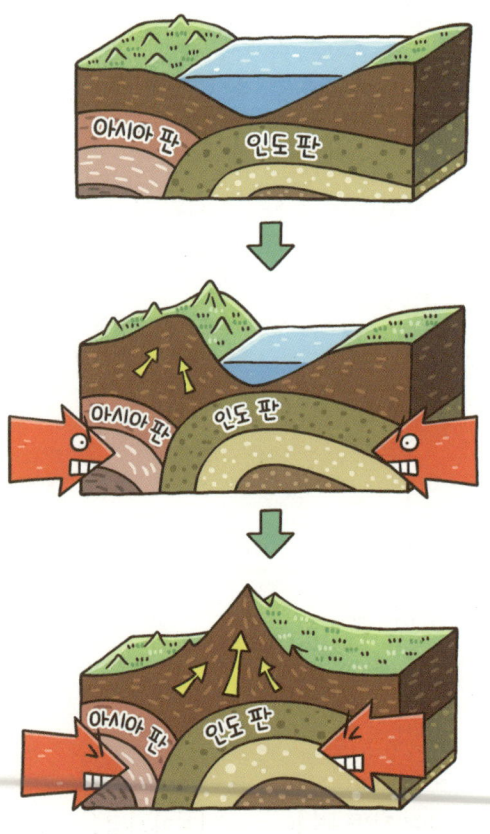

점점 쪼개져서 약 1억 년 전에는 대륙판이 여러 개로 나뉘어졌어. 대륙판들은 서로 움직이고 부딪히면서 대륙의 모양을 바꾸었지.

대륙판끼리 충돌할 때 어떤 변화가 생기는지 궁금한 친구는 넓은 스펀지 양쪽을 손으로 밀어 봐. 볼록 휘어지지? 대륙판도 마찬가지야. 대륙판끼리 미는 힘이 강력하면, 그 힘을 견디지 못하고 지층이 휘어지면서 습곡 산지나 산맥을 만드는 거지. 쉽게 말해서 지구의 껍질이 휘어지는 거야.

히말라야 산맥은 인도 판과 아시아 판이 충돌하면서 만들어졌어. 보통 대륙판이 부딪히면 약한 쪽이 단단한 판 아래로 내려가는데, 인도 판과 아시아 판은 충돌하는 곳의 단단한 정도가 서로 비슷했어. 그래서 강력한 힘으로 서로 밀어붙이다가 두 대륙의 가장자리가 깨지면서 밀쳐 올라간 거야. 그 상태로 오랜 세월 동안 풍화 작용 햇빛, 물, 공기 등이 작용하여 암석이 부서지는 현상과 침식 작용 비, 바람, 강물 등의 영향으로 지표면이 깎이는 현상을 받게 되었지. 그 결과, 약 800만 년 전부터는 지금처럼 꼭대기가 뾰족한 히말라야 산맥이 만들어진 거야.

과거에는 히말라야 산맥이 바닷속에 있었어. 히말라야 산맥의 8천 미터 높이에서 조개와 산호 등 바다 생물의 화석이 발견된 것을 보고 짐작할 수 있지. 지금은 세계에서 가장 높은 곳인데 과거에는 바닷속에 있었다니 놀랍지?

게다가 더욱 놀라운 것은 히말라야 산맥이 지금도 계속 높아지고 있다는 거야. 히말라야 산맥 아래 있는 인도 판은 지금도 계속 움직이고 있어. 그래서 우리가 잘 느끼지 못하는 사이에도 히말라야 산맥은 대륙판끼리 서로 미는 힘에 의해 해마다 몇 센티미터씩 높아지고 있다고 해.

히말라야 장벽을 넘어 다니는 새

높은 산에 올라 본 적이 있는 사람은 산꼭대기에 가까워질수록 숨이 가쁘고 머리가 지끈지끈 아픈 것을 경험했을 거야. 그건 위쪽으로 올라갈수록 산소가 부족해서 생기는 현상이야.

히말라야 산맥처럼 높은 곳은 산소량이 평지의 4분의 1 정도밖에 되지 않고 기온도 매우 낮아. 그래서 동물이 살기 힘든 곳이야. 사람도 산소호흡기를 달고서야 겨우 정상에 오를 수 있을 정도지. 마치 하나의 거대한 장벽 같아서 비행기로만 넘어 다닐 수 있어.

그 높고 험한 곳을 날아서 넘어 다니는 새가 있다면 믿을 수 있겠니? 인도기러기들은 1년에 두 차례 인도 북쪽 지역과 중앙아시아 지역을 오가기

위해서 히말라야 산맥을 넘는다고 해. 다른 새들은 산소가 부족하거나 추운 날씨를 견디지 못해 히말라야 산맥을 넘을 수 없지만 인도기러기는 열악한 환경을 이겨 내고 8시간 만에 히말라야 산맥을 넘는대. 정말 대단하지?

이렇게 험한 히말라야 산맥에도 사람들이 살고 있을까? 물론 아주 높은 곳에서는 사람이 살 수 없어. 하지만 약 3천 미터 되는 곳에서는 마을을 이루고 계단식 농사를 지으며 살고 있는 사람들도 있지. 히말라야에 오르는 관광객을 상대로 숙박업 등을 하면서 말이야. 이곳에서는 눈과 바람에 잘 견뎌 내기 위해서 돌집을 짓는대. 주위에 나무가 많지 않아서 집을 지을 만한 재료가 돌밖에 없기 때문이야.

아삼 차를 키우기 좋은 날씨

히말라야 산맥은 주변 지역의 기후에도 많은 영향을 끼쳐. 히말라야 산맥 아래쪽에 있는 인도양에서는 6월부터 9월까지 기온이 높고 습기가 많은 열대 계절풍이 올라와. 이 열대 계절풍은 히말라야 산맥을 넘지 못하고 부딪히면서 큰비를 뿌리지. 그래서 히말라야 산맥 아래에 있는 아삼 지방은 연평균 강수량이 1만 1,400밀리미터나 된다고 해. 우리나라 평균 강수량의 10배나 되는 수치야. 이 비는 7월부터 10월까지 집중해서 내려. 그 뒤로는 선선하고 쾌적한 기후가 계속되지.

이런 기후는 차를 기르기에 적당해서 아삼 지방에서는 향이 좋은 '아삼 차'가 많이 생산된대. 아삼 차는 부드럽고 상큼한 맛이 나는 홍차야. 우유를 타서 마시면 부드러운 맛이 나서 영국인들이 무척 좋아해. 그래서 대부분 영국에 수출하고 있지.

히말라야 산맥에 있는 돌집 마을

하늘과 가장 가까운 땅
에베레스트 산

산악인들의 꿈

가끔 등산 이야기를 해 보면 어차피 내려올 건데 왜 그렇게 힘들게 높은 산을 올라가는지 모르겠다고 말하는 친구들이 많더라. 하지만 세계에서 가장 높은 산을 오르는 게 평생 꿈인 산악인들도 있어. 바로 에베레스트 산에 오르는 꿈이지. 아무리 산에 관심이 없는 친구라도 에베레스트 산이라는 이름은 들어 봤을 거야. 해마다 수많은 산악인이 에베레스트 산을 정복하려고 도전하지만 성공하는 사람은 많지 않아. 게다가 목숨을 잃은 산악인도 많지. 그만큼 높고 험하기 때문이야.

에베레스트 산이 세계에서 가장 높은 산이라고 알려진 게 불과 200년도 안 되었다는 사실 알고 있니? 그 전에는 사람들이 에베레스트 산을 실제보다 낮은 산이라고 알고 있어서 '15호 봉우리'라고만 불렀어. 이건 에베레스트 산의 애매한 위치 때문에 벌어진 일이기도 해. 약 3,600미터 높이의 티베트 고원 위에서는 에베레스트 산을 바로 볼 수 있지만 네팔에서는 에베레스트 산 근처에 있는 눕체 산(7,879미터), 로체 산(8,516미터) 같은 높은 산에 가려서 정상이 잘 보이지 않았기 때문이야.

그러다가 1852년 인도의 측량국이 과학적 방식으로 조사하여 에베레스트 산의 높이를 8,848미터로 확정했어. 비로소 세계 최고봉으로 인정받게 되었지. 그리고 에베레스트 산을 측량하는 데 기여한 영국인 인도 측량국장 조지 에베레스트의 이름을 따서 산 이름을 '에베레스트'라고 지었어.

에베레스트 산의 높이에 대해서는 아직도 논란이 많아. 1999년 미국탐험대가 GPS_{위성 위치 추적 시스템}장비를 이용해 에베레스트 산의 높이를 재었을 때에는 8,850미터라고 주장했어. 그리고 2005년 중국에서는 만년설_{아주 추운 지방에 녹지 않고 쌓여 얼어 있는 눈}의 높이를 빼고 나면 8,844.43미터라고 주장했지. 하지만 네팔 정부는 전부 공식적인 높이로 인정하지 않고 있어. 자기 나라에 있는 산이니까 다른 나라가 조사한 측정치를 인정하지 않겠다는 뜻이야.

최초로 정상에 오른 사람은 누구일까?

에베레스트 산을 오르려는 시도는 1920년 티베트 등반로가 열리면서 시작되었어. 기상 조건에 따라 등반 시기를 정하는데, 보통은 5월 중순에서 6월 초 또는 9월 말에서 10월 중순을 선택한대.

하지만 에베레스트 산은 함부로 사람의 발길을 허락하지 않았어. 등반

하기 좋은 때라고 해도 영하 40도까지 내려가는 기온, 낭떠러지가 이어지는 험한 지형, 눈사태와 강한 눈보라 등 갖가지 힘든 조건들이 모여 있어 실패가 이어졌지.

그중에서도 산소가 부족한 게 가장 문제였어. 사람은 산소 없이는 숨을 쉴 수 없잖아. 한데 에베레스트 산은 산소가 평지의 4분의 1밖에 되지 않아서 두세 발자국 걷는 것이 평지에서 100미터 달리기를 한 것과 같은 느낌이라고 해. 8천 미터의 높이에서는 한 발짝 옮길 때마다 숨이 차고 심장이 터질 듯한 느낌을 받을 정도지. 그래서 대부분의 사람들은 산소통을 메고 산소 호흡기를 하고 나서 올라가야 해.

1953년에는 '왕립지리학회'와 '히말라야 공동산악위원회'의 지원을 받은 한 원정대가 마침내 에베레스트 산 등정을 이뤄 냈어. 원정대는 특수 등

에베레스트 산

산화와 등산복, 산소 공급 장치와 휴대용 무전기 등 장비를 단단히 갖추었지. 그리고 해발 7,986미터의 높이까지 8개의 베이스캠프를 설치하며 천천히 오르기 시작했어. 1953년 5월 29일, 마지막 캠프에서 출발한 뉴질랜드 출신의 에드먼드 힐러리와 네팔인 셰르파 히말라야 산악 등반을 돕는 사람 텐징 노르가이는 남동쪽 능선을 오른 후 남봉을 지나 정오 무렵 정상에 도착했지.

그 뒤로도 여러 나라에서 수많은 원정대가 에베레스트 정상에 도전했어. 그 가운데 실패도 많았지만 성공한 경우도 많았지. 한국인 중에는 최초로 1977년 9월 15일 대한산악연맹 에베레스트 원정대 소속의 고상돈이 에베레스트 산 정상에 올랐어. 그 후에도 허영호, 박영석 등 산악인들이 정상에 올랐지.

산악인들의 도우미 셰르파

　에베레스트 산에서 사고가 나면 헬리콥터가 구조할 수 있을까? 헬리콥터는 활주로가 없어도 수직 이착륙을 할 수 있고, 공중에서 정지한 상태로 비행이 가능하기 때문에 산에서 조난자를 구할 때 없어서는 안 될 장비야. 하지만 에베레스트 정상 부근의 공기 밀도는 지상의 43퍼센트밖에 되지 않고 기압도 35퍼센트 정도야. 그러니 공기 밀도가 낮아서 무거운 헬리콥터를 떠올릴 만한 힘을 얻기가 힘들어. 간신히 착륙했다고 하더라도 이륙할 수 없게 되는 거지. 지금까지 에베레스트 산에서 헬리콥터가 구조를 하려고 7천 미터 지점에 착륙한 적은 있다고 해. 하지만 목숨을 건 아주 위험한 일이었어.

결국 에베레스트 산에서는 사람이나 동물의 힘으로 모든 걸 할 수밖에 없어. 그래서 에베레스트 산을 오르기 위해서는 짐을 운반하고 길을 안내해 줄 사람이 꼭 필요해. 이처럼 히말라야 산악 등반을 돕는 사람을 '셰르파'라고 해.

셰르파는 약 500여 년 전에 티베트에서 살다가 히말라야 산맥을 넘어 네팔의 고산 지역에 자리를 잡은 산악 부족의 이름이야. 과거에 셰르파 족은 농사를 짓고 가축을 기르며 지냈어. 그리고 수확한 쌀을 가지고 히말라야 산맥을 넘어 티베트까지 가서 소금으로 바꿔 오곤 했지. 너희도 알다시피 사람이 사는 데 소금이 꽤 중요하잖아. 옛날엔 지금보다 훨씬 귀했지. 그래서 셰르파 족들은 가족들을 먹여 살리기 위해 히말라야 산맥을 넘어 티베트에서 소금을 구해 온 거야. 이런 생활이 오랫동안 이어져 오다 보니까 셰르파 족은 고지대에서 산소가 낮아져도 고산병에 쉽게 걸리지 않는 체질로 변했어.

세월이 지나고 소금을 얻기 위해서 산을 넘지 않아도 되었지만 셰르파 족은 먹고 살기 위해 다시 에베레스트 산을 올라야 했어. 소금으로는 돈을 벌 수 없으니 에베레스트 산을 등정하는 산악인을 도우며 돈을 벌기로 한 거야. 위험한 등반이었지만 생존을 위해서 어쩔 수 없었지.

다른 지역 사람들에겐 일생에 한 번 오르기도 힘든 곳이지만 셰르파들은 산악인들을 위해 식량, 텐트, 산소통, 연료, 의약품 등 20~50킬로그램의 짐까지 지고 산에 오르며 조력자로서 역할을 하고 있어. 물론 이동 경로를 찾아내 로프와 캠프를 설치하거나, 밥을 짓는 일까지 모두 셰르파의 몫이야. 그래서 아무리 등반 기술이 발달했다고 하더라도 성실하며 의지가 강한 셰르파 없이는 등반이 불가능하지. 이렇게 셰르파 족 남자들은 항상 산을 오르기 때문에 집을 자주 비워서 여자들이 가장의 역할까지 도맡아 하곤 한대.

에베레스트 산의 별명

중국에서 조사하기로는 한 해에 에베레스트 산을 오르는 사람은 4만 명이 넘는다고 해. 이 많은 사람들이 모두 산을 사랑하면 좋았겠지만 그렇지 않은 사람들이 쓰레기를 버리기 시작하면서 산이 몸살을 앓기 시작했어. 이 많은 사람들이 쓰레기를 1개씩만 버려도 그 양이 어마어마할 거야. 그래서 요즘 에베레스트 산은 '세계에서 가장 높은 쓰레기장'이라는 부끄러운 별명을 얻었어.

사람들이 높은 고도에서 추위와 싸우다 보니 지쳐서인지 찢겨진 텐트, 다 쓴 산소통, 그 밖의 쓰레기들을 그냥 버려두고 온다고 해. 힘든 등산을 마친 뒤에 정신이 없다는 건 알겠는데 그래도 좀 심한 것 같지? 그래서 요즘에는 등산객들에게 반드시 쓰레기봉투를 가지고 산을 오르게 해. 그렇게 하지 않을 경우에는 우리 돈으로 약 415만 원 정도의 어마어마한 벌금을 부과하고 있어.

또 하나는 '세계에서 가장 높은 공동묘지'라는 무시무시한 별명이야. 에베레스트 산에는 불의의 사고나 고산병, 체력의 한계로 등반 도중 사망한 사람이 매년 10명이나 있대. 지금까지 에베레스트 등반으로 숨진 등반가들은 무려 1,500여 명이 넘어. 물론 사망자의 수에서 셰르파는 빠져 있지. 셰르파의 수까지 합치면 사망자의 수가 훨씬 더 많을 거야.

이렇게 많은 사람들이 죽었지만 시체를 산 아래로 옮기는 건 엄두도 못 내고 있어. 에베레스트 산에서는 시체를 운반하는 데만 비용이 약 1,600만 원이나 들거든. 그래서 무작정 방치되는 시체가 많아졌지.

1923년에 에베레스트 산에서 실종된 산악인 조지 말로리도 오랫동안 시체를 찾지 못했지. 그는 왜 산에 오르느냐는 질문에 "산이 거기에 있기 때문에."라는 말을 남겨 유명해진 산악인이었어. 조지 말로리는 실종된 지 75년이 지난 1999년에 시신이 발견되었어. 극도로 추운 날씨 때문

에 그대로 얼어서 죽은 지 50년도 넘게 지났지만 시체가 거의 훼손되지 않았대.

　지금도 에베레스트 산을 오르는 사람들은 가는 길에 시체를 발견하는 경우가 많아. 하지만 자기 몸도 가누기 힘든데 시체를 치우다가는 자칫 위험해질 수 있기 때문에 그냥 지나쳐야 한대. 흥미로운 건 '녹색 부츠를 신은 시체' 같은 시체의 특징을 잡아 이름을 붙여 두었다가 등산가들의 이정표로 사용하고 있다는 거야. 섬뜩하면서도 한편으론 기발한 방법인 것 같지?

섬도 많고 화산도 많은 나라
인도네시아

섬이 많아도 너무 많아

우리나라에서는 선거를 하고 나서 하루 정도면 투표 결과를 알 수 있지만 결과를 알 때까지 시간이 오래 걸리는 나라도 있어. 바로 인도네시아야. 인도네시아는 선거를 하면 20일이나 지나야 선거 결과를 알 수 있대. 섬이 너무 많아서 투표함을 전부 거둬들이는 데 시간이 오래 걸리기 때문이야.

인도네시아에는 세계에서 두 번째로 큰 뉴기니 섬, 세 번째로 큰 보르네오 섬, 여섯 번째로 큰 수마트라 섬이 있고, 그 밖에도 크고 작은 섬이 자그마치 1만 8천여 개나 되는 세계 최대의 섬나라야. 그중에서 사람이 살고 있는 곳은 8천 개 정도이고 나머지는 무인도지.

인도네시아는 세계 최대 섬나라답게 약 8천 개의 섬에 약 50만 개의 투표소를 설치해야 해. 차로 실어 나를 수가 없는 곳에는 말과 짐꾼을 이용

해 투표용지를 실어 나르지. 설치하는 것도 일이지만 8천 개가 넘는 섬에서 투표함을 거두어 오는 것도 쉬운 일은 아니겠지?

이렇게 섬이 많은 나라지만 전체 인구의 60퍼센트 이상이 자바 섬에 살아. 자바 섬이 인도네시아 총면적의 7퍼센트밖에 되지 않으니까 인구 밀도_{단위 면적 당 인구수의 비율}가 매우 높은 편이지.

인도네시아는 섬마다 다양한 인종들이 살고 있어. 각 지역에서 사용되는 언어의 종류만 해도 740개가 넘지. 그래서 다양한 민족을 하나로 통합하는 것이 인도네시아의 가장 큰 과제라고 할 수 있어.

섬이 많은 만큼 화산도 많은 나라

인도네시아에 섬이 많은 이유 중 하나는 화산 폭발 때문이야. 바다 아래 화산이 폭발하면서 새로운 섬이 생기거든. 인도네시아에는 화산이 자그마치 400여 개나 돼.

특히 인도네시아는 환태평양 조산대에 속해 있어. 그래서 화산과 지진이 많이 발생하는 곳이지. 지금도 약 78개의 화산이 활동을 하고 있어. 그래서 인도네시아 사람들은 어지간한 화산 폭발에는 놀라지도 않는대. 그동안 큰 화산 폭발로 너무나 많은 피해를 입었기 때문일 거야. 인도네시아에서는 수천 명의 희생자를 낸 화산 폭발이 무려 여덟 번이나 있었지.

특히 1815년 4월에 일어난 인도네시아 숨바와 섬의 탐보라 화산 폭발은 엄청났다고 해. 이 화산 폭발로 발생한 화산재가 하늘을 덮어서 3일 동안 해를 볼 수 없었고, 뜨거운 용암과 독가스 때문에 순식간에 1만 2천여 명이 죽었지. 얼마나 큰 폭발이었는지 인도네시아뿐만 아니라 세계 곳곳에 영향을 끼쳤어. 화산재나 가스가 대기 중으로 퍼져 나가면서 해를 가리니까 기온이 떨어져서, 그다음 해에 유럽은 이상 기후와 흉년을 피해 갈 수 없었지.

또 1883년에는 자바 섬 서쪽에 있던 크라카타우 화산 폭발도 기록적인 피해를 주었어. 크라카타우 화산이 폭발할 당시에 4,600킬로미터나 떨어져 있는 인도양의 한 섬에서도 폭발 소리를 들을 수 있을 정도였대. 이 화산 폭발로 인해 2천 미터나 되는 크라카타우 화산은 사라지고 말았어. 그리고 엄청난 쓰나미 바다 밑에서 생긴 지진의 진동이 만들어 낸 거대한 파도도 몰고 왔지. 당시 35미터 높이의 쓰나미가 자바 섬과 수마트라 해안을 덮쳐서 해안에 있던 마을은 흔적도 없이 휩쓸려 갔고 많은 사람들이 희생되었어.

그렇다고 화산이 나쁜 점만 있는 것은 아니야. 인도네시아는 화산이 폭발할 때 나오는 화산재 덕에 일반 토양보다 더 기름진 화산암질 토양으로 되어 있어. 거름을 거의 주지 않아도 농작물이 잘 자라서 1년에 벼를 세 번이나 수확할 수 있지. 화산 때문에 피해도 입지만 화산 덕에 풍요롭게 농사를 지을 수 있는 거야. 그리고 이런 조건들은 질 좋고 독특한 향과 맛이 나는 커피를 생산하기도 아주 안성맞춤이지. 그래서 화산이 집중되어 있는 자바 섬과 수마트라 섬에 인구 밀도가 높아.

코모도왕도마뱀과 시체꽃

인도네시아 남쪽에는 화산섬인 코모도 섬이 있어. 우리나라 제주도와 함께 세계 7대 자연 경관 중 하나로 선정된 곳이지. 아름다운 산호초가 많아서 다이빙과 스노클링 등 수상 스포츠의 천국으로도 알려져 있어.

코모도 섬에는 살아 있는 공룡이라고 불리는 코모도왕도마뱀이 살고 있어. 원래 큰 대륙의 일부였던 코모도 섬은 판의 충돌과 화산 폭발로 일부가 바닷속으로 가라앉으면서 섬이 되었어. 그래서 코모도왕도마뱀은 섬에 갇힌 채로 수만 년을 살면서 어디에서도 볼 수 없는 특이한 종으로 변했지.

코모도왕도마뱀은 도마뱀 중에서 몸집이 가장 크고 생김새도 용 같아서 '코모도드래곤'이라고 불리기도 해. 다 크면 길이가 3미터까지 자라기도 하고 몸무게도 150킬로그램이 넘는대.

 인도네시아에서는 코모도 섬을 국립 공원으로 지정해서 코모도왕도마뱀을 가두지 않고 자유롭게 살게 하고 있어. 그래서 해안가나 마을 곳곳에서 코모도왕도마뱀을 볼 수가 있지. 대신 도마뱀들의 공격적인 성향 때문에 주민들은 집을 지을 때 1층은 비워 두고 2층부터 짓는대. 코모도왕도마뱀이 언제 집 안으로 들어올지 모르니까 말이야. 그리고 이곳을 여행하는 사람들은 도마뱀에게 물리지 않게 조심하고 꼭 안내원이랑 함께 다녀야 한대.

코모도왕도마뱀

코모도 섬에는 코모도왕도마뱀처럼 또 특이한 생물이 하나 더 있어. 세계에서 꽃이 가장 큰 '라플레시아'야. 라플레시아는 특이하게도 잎과 줄기가 없고 지름이 1미터나 되는 커다란 꽃을 피워. 그리고 세상에서 가장 지독한 냄새를 풍기며 파리를 유혹해. 꽃의 모양이나 냄새가 시체 썩는 냄새와 비슷하다고 해서 '송장화' 또는 '시체꽃', '고기꽃'이라고 불리기도 하지. 코모도 섬에는 화산 활동으로 생긴 지형 때문에 이런 독특한 생물들이 살아.

시베리아의 맑은 진주
바이칼 호수

40미터 물속이 보인다고?

탁한 물속에 물건을 빠뜨리면 참 찾기 힘들지. 바다나 계곡에서 수영을 해 보면 알겠지만 아주 맑은 물이어야지 바닥까지 잘 보이잖아. 그런데 지구상에 있는 호수 중에서 40미터 물속에 있는 동전까지 보일 만큼 맑은 호수가 있어. 바로 러시아 부랴티아 공화국에 있는 바이칼 호수야. 이 호수는 맨눈으로 봐도 20~40미터 속에 있는 물체를 구별할 수 있을 정도로 물이 깨끗해. 너무 맑아서 물의 깊이가 가늠이 안 될 정도야. 하지만 동전이 눈앞에 있는 것처럼 선명하게 보인다고 해도 40미터나 되는 호수에 뛰어들어서 가져오려고 했다가는 큰일 나겠지.

'바이칼'이라는 이름은 타타르 어로 '풍요로운 호수'라는 뜻의 '바이쿨', 몽골 어로 '큰 바다'라는 뜻의 '바이갈 달라이'라는 말에서 유래되었다고 해. 그리고 '진주처럼 영롱한 생명의 빛을 발하는 곳'이라는 뜻으로 '시베

바이칼 호수

리아의 진주', 우주에서 지구를 보면 초승달 모양의 눈처럼 보인다고 해서 '지구의 푸른 눈' 등으로 불리고 있지. 참 예쁜 별명이지?

　세계에서 여섯 번째로 큰 바이칼 호수는 우리나라 면적의 3분의 1과 맞먹는 정도야. 그런데 바이칼 호수는 넓이보다는 세계에서 가장 깊은 호수로 유명해. 가장 깊은 곳이 1,742미터나 되거든. 얼마나 넓고 깊으면, 바이칼 호수에 담겨 있는 물의 양은 지구에 사는 사람들이 40년 동안 식수로 사용할 수 있을 정도래.

　바이칼 호수는 세계에서 가장 오래된 역사를 가진 호수야. 보통 호수는 세월이 지날수록 수온이 올라가고 물이 빠진 뒤에 늪으로 변하기 때문에 오랜 세월 동안 호수로서의 생명력을 가지고 있는 건 신기한 일이지.

　바이칼 호수의 수온은 보통 0~15도 사이로 여름에도 발을 담그고 있기가 어려울 정도로 차가워. 이렇게 찬 온도를 일정하게 유지하기 때문에 물의 표면에서 생겨나는 수증기가 별로 없어. 그래서 호수 위로 구름이 생기지 않아서 주변 하늘이 맑은 날이 많지. 이렇게 맑은 날에는 우주에서도 바이칼 호수를 볼 수 있다고 해.

　바이칼 호수는 겉에서 보기엔 잔잔해 보여도 물속에서 끊임없이 작은 지진이 일어나고 있어. 바이칼 호수 바닥이 여러 지층으로 되어 있기 때문이야. 작은 지진이 일어날 때마다 온천수가 솟아 나오기도 하고, 지진의 진동으로 인해 발생한 화학 물질과 광물이 호수를 깨끗하게 만들어 준다고 해. 지하에서 물이 계속 솟아오르니까 호수의 수심 200미터 이하에서는 항상 4도 정도의 수온이 유지되고 있지. 우리가 집에서 사용하는 냉장고의 냉장실 온도 정도라고 생각하면 될 것 같아.

얼음 위로 트럭이 달린다고?

바이칼 호수는 아주 넓어서 호수 안에 섬이 22개나 있어. 그중에서 가장 크고 아름다운 섬은 알혼 섬이야. 알혼 섬은 바이칼 호수의 심장이라고도 부르지. 알혼 섬의 크기는 우리나라 제주도의 절반쯤으로 호수 안에 위치한 섬으로는 세계에서 두 번째로 큰 섬이야.

육지에서 알혼 섬까지는 배로 10분 정도의 거리야. 하지만 12월부터 4월까지 겨울에는 호수가 얼어서 배로 이동할 수가 없어. 11월부터 얼기 시작해서 12월 말이 되면 호수 전체가 신비한 빛깔로 얼어붙거든. 1월 말 무렵이면 얼음 두께가 100센티미터 정도로 단단해지지. 그러면 호수 위에 교통 표지판이 세워지고, 10톤 화물 트럭도 통과할 수 있는 육로가 된대.

바이칼 호수에만 사는 생물

바이칼 호수 주변 지역에는 약 1,550여 종의 동물과 1,085여 종의 식물이 서식하고 있는데, 동물 중에서 약 1천여 종은 오직 바이칼 호수 부근에서만 볼 수 있는 고유종이야. 이렇게 풍부하고 독특한 민물 생태를 이루고 있는 곳은 아주 드물다고 해.

특히 호수에서 살고 있는 52종의 물고기 중 27종이 바이칼 호수에만 서

한겨울의 바이칼 호수

식하는 물고기야. 이 물고기 중에는 깊은 호수의 수압을 견디기 위해 뼈가 없는 연체 어류가 많고 몸체 빛깔이 투명한 희귀한 어류도 많아.

가장 대표적인 물고기는 바이칼 호수에서만 서식하는 연어과 토종 물고기 '오물'이야. 오물은 바이칼 호수 주변 사람들의 중요한 먹을거리가 되어 주기도 해. 그래서 오물로 만든 요리는 이곳에 관광을 가는 사람들에게도 인기가 많대. 그리고 몸이 투명하기로 유명한 물고기 골로미양카도 있어. 골로미양카는 몸이 햇빛에 닿으면 금방 녹아 버리는 특이 체질이야.

또 이곳을 대표하는 동물 중에 바이칼바다표범 네르파를 빼놓을 수 없어. 바다표범은 본래 바다에서 사는 동물인데 네르파는 독특하게도 민물

네르파

에서 살고 있지. 아주 오래전 빙하기에 얼어 있는 강을 따라 호수로 이동했을 거라고 추측하고 있지만, 어떻게 이 호수에서 살게 되었는지는 아직 밝혀지지 않았어. 바이칼 호수는 지형도 그렇지만 생태까지 참 신비로운 곳이야.

용이 지켜 주는 섬
하롱베이

용의 후손들

베트남에서는 주된 교통수단이 오토바이야. 그래서 자동차 주차장보다 오토바이 주차장이 많고, 자동차 세차장보다 오토바이 세차장이 많아. 오토바이 탈 때 꼭 챙겨야 하는 건 뭘까? 당연히 헬멧이지. 베트남에서도 안전을 위해 모두 의무적으로 헬멧을 써야 하지만 개중에는 헬멧을 쓰지 않겠다는 사람들이 있어. 헬멧을 쓰면 하늘에 있는 용신이 자손들의 얼굴을 알아보지 못한다고 생각하기 때문이래.

베트남 사람들은 자신들을 용신과 산신의 자손이라고 생각해. 베트남의 건국 신화를 보면, 용신의 아들과 산신의 딸이 결혼해서 아들을 낳는다는 이야기가 나오는데, 그 아들인 락롱권이 바로 베트남 사람의 시조래. 그러니까 건국 신화에 따라 베트남 사람들이 자신들을 용신의 후손이라고 생각하는 거지.

그래서인지 베트남에는 용에 대한 이야기가 아주 많이 전해 내려오고 있어. 하나 들려줄까?

옛날 외적이 침입해 베트남 사람들이 고통을 받고 있을 때, 하늘에서 베트남의 수호신 용과 그의 가족이 내려와 여의주를 내뿜으며 침략자들을 물리쳤대. 그리고 용의 가족들이 내뿜은 여의주가 갖가지 섬과 바위로 변해 지금까지도 베트남을 지키는 수호신 역할을 하고 있다는 거야. 이 설화가 얽혀 있는 장소는 바로 '하롱베이'야.

2천 개가 넘는 바위섬

하롱베이의 '하(下)'는 '내려온다'라는 뜻이고 '롱(龍)'은 '용'이란 뜻이야. 즉, '하늘에서 내려온 용'이라는 뜻이지. 그리고 '베이'는 영어로 '만_{바다가 육지 쪽으로 움푹 들어가 있는 곳}'을 뜻하는 말이야. 그래서 하롱베이를 하롱 만이라고 부르기도 해.

하롱베이는 베트남 북부에 있는 해안 도시 하롱의 앞바다에 있어. 2천여 개나 되는 석회암 섬과 에메랄드빛 바닷물이 어우러져 멋진 경치를 자랑하지. 2천 개가 넘는 섬들은 하나같이 인간의 손이 닿지 않은 무인도래.

이 섬들은 멀리서 보면 하나로 이어진 산줄기처럼 보여서 그 속을 지나면 마치 깊은 산골짜기를 지나는 느낌이 든대. 가끔 짙은 안개가 끼면 섬들이 괴물처럼 보이기도 해서 신화 속의 용을 떠올리게 하는 곳이야. 이런 아름다움과 지질학적 가치를 인정받아 유네스코 세계 유산으로 지정되었어.

　이 지형을 이용해서 외적의 침입을 막은 적도 있었어. 13세기 무렵 몽골군이 베트남에 쳐들어왔을 때, 베트남군은 섬 사이의 좁고 얕은 물길에 말뚝을 박고 숨어 있었어. 그리고 하롱베이 지형에 어두웠던 몽골군의 배가 말뚝에 걸려 움직이지 못하자 공격을 퍼부어 크게 이겼지. 그럼 몽골군을 꼼짝 못하게 한 하롱베이의 지형은 어떻게 만들어졌을까?

카르스트 지형과 석회암 동굴

　하롱베이는 두꺼운 석회암 지대야. 원래는 바다에 잠겨 있던 곳이었는데 2천만 년 전에 일어난 융기 작용 때문에 바닥이 솟아올랐어. 그런데 바닥이 석회암 지대다 보니 바닷물에 쉽게 녹고 비바람에 잘 깎여 나가서 지금처럼 기이한 모습으로 변했지. 이렇게 석회암층으로 이루어진 지형을 카르스트 지형이라고 해. 카르스트 지형에는 기이하게 생긴 모양의 바위도 많고 동굴이나 특이한 지형이 많아.

　그래서 하롱베이에는 석회암으로 이루어진 바위섬 말고도 곳곳에 크고 작은 석회암 동굴도 많아. 수십만 년이 넘는 긴 세월 동안 암석의 틈을 따라 지하수가 스며들면서 석회암을 녹여 동굴이 생긴 거지.

　석회암 동굴 안에는 다양한 석회석도 발달해 있어. 동굴 천장에 고드름처럼 매달려 있는 종유석이나 천장에서 석회암이 녹은 물방울이 떨어져 쌓인 석순, 종유석과 석순이 이어져서 생긴 기둥 석주가 멋있기로 유

하롱베이

명하지. 종유석과 석순은 1년에 0.1밀리미터 정도밖에 자라지 않아. 그러니까 1미터의 종유석과 석순은 1만 년이라는 세월이 걸려 만들어진 거지. 하롱베이의 동굴에 있는 수십 미터의 종유석과 석순이 얼마나 놀라운 결과물인지 짐작할 수 있겠지?

하롱베이에서 석회암 동굴은 지금까지 50여 개가 발견되었는데, 그중에서 '놀라운 동굴', '하늘궁전 동굴', '나무 숨긴 동굴'만 유람선에서 내려 관광할 수 있도록 개발되었어. 세 동굴 중에서는 '놀라운 동굴'이 가장 크고 넓어. 동굴 내부가 3개의 공간으로 이루어져 있는데 깊이 들어갈수록 점점 커져서 찾는 사람마다 깜짝 놀란다고 해. 그래서 놀라운 동굴이라는

하롱베이의 수상 마을

이름이 붙었나 봐. 이렇게 아름다운 자연환경을 관광지로 개발해서 우리가 볼 수 있는 건 좋지만 관광지가 된 뒤로 박쥐 등 동굴 속 생물들이 사라지고 있다니 참 안타까운 일이야.

물 위에 떠 있는 집 하롱베이에서는 나무를 얼기설기 엮어 물 위에 지은 집을 볼 수 있어. 20~30가구 단위의 수상 마을이 다섯 곳이나 있지. 그곳에서는 물 위에 고정되어 있는 바지선 밑바닥이 편평한 화물 운반선이 아이들의 마당이 되기도 하고, 초등학교와 은행이 되기도 해. 그리고 과일과 생선 등 먹을 것과 생활용품을 싣고 다니며 관광객을 상대로 물건을 파는 상점 역할을 하기도 하지.

바닷속의 신비
마리아나 해구

영화감독이 찾아간 마리아나 해구

영화감독 제임스 카메론이 타이타닉호의 침몰을 소재로 한 영화 〈타이타닉〉을 만들 때, 직접 대서양 해저로 내려가 침몰한 타이타닉호를 촬영한 유명한 일화가 있어. 2012년에는 특수 제작된 잠수정에 홀로 몸을 싣고 마리아나 해구에 다녀오기도 했지. 과학계에서는 엄청난 사건이라고 입을 모았어. 사람이 이곳을 다녀간 건 단 세 번뿐이거든. 마리아나 해구는 어떤 곳이기에 이렇게 큰 사건이 된 걸까?

마리아나 해구는 세계에서 가장 깊은 바다야. 바닷속 밑바닥이 평평하다고 생각하는 사람도 있겠지만, 바닷속에도 육지처럼 갖가지 지형이 펼쳐져 있어. 수중 화산도 있고, 산맥도 있고, 깊은 해구 깊은 바다 밑에 움푹 들어간 해저 지형도 있지. 해구는 커다란 해양판이 부딪히는 경계선에서 한쪽 해양판이 아래쪽으로 움푹 들어가 생기는 지형이야. 두 대륙판이 만나서 솟아오르면 산이 된다고 했지? 그 경우랑 반대라고 생각하면 쉬울 거야.
 마리아나 해구는 태평양 북마리아나 제도의 동쪽에서 남북 방향으로 2,550킬로미터의 길이로 뻗어 있는 해구야. 마리아나 해구는 태평양 판이 비교적 단단한 필리핀 판 아래로 들어가면서 만들어졌어. 평균 너비는 70킬로미터, 평균 수심이 7천~8천 미터나 되지. 육지에는 세계 최고 높이의 에베레스트 산이 있다면, 바다에는 마리아나 해구에 세상에서 가장 깊은 해연_{해구 가운데 깊이 들어간 부분}이 있어. 바로 비티아즈 해연이야. 깊이가 무려 1만 1,034미터나 되지. 그리고 마리아나 해구에는 깊이가 1만 863미터나 되는 챌린저 해연도 있어. 에베레스트 산이 8,848미터니까 산을 들어서 바닷속에 통째로 집어넣어도 물속에 잠기겠지?

바다는 어디까지 들어갈 수 있을까?

비티아즈 해연이나 챌린저 해연의 이름은 그 해역을 조사한 탐사선의 이름을 따서 붙인 거야. 탐사선은 어떻게 깊이를 알아냈을까? 1만 1,304미터나 되는 깊이를 인간이 실제로 잠수하여 재는 건 불가능한 일이야. 게다가 해구의 수압은 지상의 기압보다 1천 배 이상 높기 때문에 사람이 쉽게 들어갈 수 없어. 이 정도 수압이면 사람이 머리 위에 트럭 몇 대를 이고 있는 것과 같은 세기야. 모든 것을 납작하게 만들 만큼 높은 압력이지. 그래서 바닷속으로 초음파를 쏴서 초음파가 바닥에 반사되어 돌아오기까지의 시간을 측정한 뒤에 초음파의 속도를 곱해서 깊이를 측정해.

그럼 잠수함을 타면 들어갈 수 있을까? 너무 깊은 바다는 온도가 매우 낮고 빛이 없기 때문에 잠수함을 타고 간다고 해도 쉽지 않아. 바다 깊이 들어가려면 엄청난 수압을 견디면서도 잠수함의 전자 기기가 제대로 작동해야 하는데 여기에는 첨단 과학 기술이 필요해. 그래서 6천 미터 깊이로 들어갈 수 있는 유인 잠수정을 가진 나라는 별로 없어.

현재 인류가 가장 깊이 들어간 수심은 1만 918미터야. 1960년 미국의 유인 잠수정 트리에스테호가 마리아나 해구로 들어간 깊이지. 트리에스테호에 탄 3명의 조종사는 목숨을 걸고 마리아나 해구로 들어갔어. 무려 4시간 48분이나 걸렸다고 해. 인류는 지구에서 38만 킬로미터 떨어진 달에 수십 년 전 발자국을 남겼지만 정작 지구에 있는 마리아나 해구 바닥까지는 쉽게 발을 들여놓지 못하고 있어. 어쩌면 아주 깊은 바닷속에는 우주보다 더 신비로운 풍경이 펼쳐져 있을지도 몰라.

깊은 바다에 사는 괴상한 생물들

아주 깊은 바닷속, 그러니까 3천 미터가 넘는 깊이로 내려가면 수온도 훨씬 떨어지고 빛도 사라지는데, 그곳에도 환경에 적응한 심해 생물들이 살고 있어. 자연의 힘은 참 대단하지? 사람은 발을 디디기 어려운 깊은 해구에도 생물이 산다니 말이야.

물론 어떤 생물들이 살고 있는지 전부 밝혀낸 건 아니야. 아직 밝히지 못한 것들이 훨씬 더 많지. 다만 지금까지 밝혀낸 생물 중에는 스스로 빛을 내는 어류도 있고, 새우처럼 생긴 갑각류도 있대. 대부분 입이 크고 스스로 빛을 내뿜는 특징이 있다고 해. 아마 빛이 거의 없고 엄청난 압력이 있는 바닷속에서 살아남기

위해 진화된 모습일 거야.

  최근에는 수심 1만 641미터의 심해 평원에서 길이가 10센티미터가 넘는 거대 단세포 동물들이 발견되었어. 제노피오포어라고 불리는 이 원생생물은 여러 개의 주름이 접혀 뭉쳐 있는 것처럼 생겼고 해저의 퇴적물을 뒤적이면서 먹이를 찾는대. 가로세로 10미터 넓이의 바닥에 2천 마리 정도가 우글우글 살고 있을 만큼 많다고 해.

  이런 생물을 연구하는 건 정말 어려운 일이야. 심해 어류들은 몸이 연하기 때문에 채집하는 과정에서 다치기도 하고, 똑같은 조건의 실험실을 만들기도 어렵기 때문이지. 어쨌든 극한의 심해 환경 속에서도 동물들이 번성하고 있다는 게 놀랍지 않니?

호랑이를 닮은 지형
한반도

삼면이 바다로 둘러싸인 지형

우리나라 국토가 호랑이를 닮았다는 이야기 많이 들어 봤지? 용맹스럽게 뛰어오르는 호랑이를 닮은 대한민국 지형의 가장 큰 특징은 '반도'야. 우리나라는 동쪽, 서쪽, 남쪽이 바다로 둘러싸여 있어. 그리고 북쪽만 압록강과 두만강을 경계로 중국, 러시아와 맞닿아 있지. 이렇게 육지가 바다 쪽으로 뻗어 나와서 삼면이 바다로 둘러싸인 땅을 반도라고 해. 여기에 '한민족이 살고 있는 반도'라는 뜻을 더해 한반도라고 부르지.

우리나라 해안 지방은 육지가 바다 쪽으로 좁고 길게 내민 곳이 많은데 이런 땅의 모양을 모두 반도라고 부를까? 아니야. 삼면이 바다로 둘러싸여 있어도 규모가 작은 땅은 '곶'이라고 불러. 우리나라 지도를 호랑이로 표현했을 때 꼬리 부분에 해당하는 경상북도 포항의 호미곶이 대표적이지.

리아스식 해안과 섬

우리나라 모양이 호랑이를 닮았다고 했지? 호랑이 모습을 잘 살펴보면 등은 매끄러운데 다리와 꼬리 쪽은 복잡하게 보일 거야. 호랑이의 등에 해당하는 동해안이 서해안보다 훨씬 단조롭기 때문이지.

동해안은 두만강 하구에서 부산 송도에 이르는 직선거리가 809킬로미터야. 하지만 해안선을 따라가는 실제 거리는 1,727킬로미터로 직선으로 가는 것보다 2배가 길지. 그런데 압록강 하구에서 전남 해남에 이르는 서해안을 살펴보면, 직선거리는 650킬로미터지만 해안선을 따라가는 실제 거리는 4,719킬로미터로 직선으로 가는 것보다 8배나 길어.

이렇게 해안선이 복잡한 지형을 '리아스식 해안'이라고 해. '리아스식 해안'이란 이름은 에스파냐 북서부의 비스케이 만의 복잡한 해안선을 '톱날 모양'이라는 뜻인 '리아스'라고 부른 데서 유래되었지.

서해안과 남해안의 해안선이 복잡해진 까닭은 동쪽이 높고 서쪽이 낮은 지형 때문이야. 백두대간 백두산에서 지리산까지 이어지는 산줄기에서 남서쪽으로 내려오는 산줄기 끝에 하천의 침식을 받은 V(브이)자 모양의 계곡이 바닷물에 잠기면서 생긴 거지.

놀라운 것은 서해안과 남해안의 섬을 포함해서 해안선의 길이를 재어 보면 1만 7천 킬로미터가 넘는다는 사실이야. 무려 지구 둘레의 절반에 가까운 길이지. 해안선이 구불구불 복잡할 뿐만 아니라 섬도 무척 많기 때문이야.

우리나라에는 남북한 합쳐서 약 4천여 개의 섬이 있어. 이러한 섬들은 바다와 어우러져 아름다운 풍경을 만들어 내지. 그래서 섬이 많이 있는 전라남도 앞바다는 다도해 해상 국립 공원으로, 전라남도 여수와 경상남도 통영 사이의 바다는 한려 해상 국립 공원으로 지정했어. 서해안 쪽에는 전라북도 앞바다의 변산반도 국립 공원, 충청남도에 있는 태안 해안 국립 공원으로 지정하여 보존하고 있지.

서해의 다른 이름, 황해 우리나라 서쪽의 바다를 '황해'라고도 불러. 흙탕물로 된 중국의 황허 강이 바다로 흘러들면서 물빛이 탁하고 누런색을 띠기 때문에 국제해양기구에서 '황해(yellow sea)'라는 이름을 붙였지. 그럼 바다의 색이 지역마다 다르냐고? 물론이지. 유럽과 아시아 대륙 중간에 위치한 '흑해'는 주위가 육지로 막혀 있어 다른 바다보다 산소가 부족하기 때문에 검은빛을 띤대. 그리고 아프리카 대륙과 아라비아 반도 사이에 위치한 '홍해'는 플랑크톤이 많아 붉은색을 띠지.

성산일출봉

제주 화산섬과 용암 동굴

　우리나라에서 가장 큰 섬인 제주도는 약 180만 년 전부터 2만 5천 년 전까지 일어난 화산 활동으로 만들어진 섬이야. 제주도는 한라산과 수많은 기생 화산큰 화산의 중턱이나 기슭에 만들어진 작은 화산, 세계적인 규모의 용암 동굴, 다양한 희귀 생물 및 멸종 위기종의 서식지를 가지고 있지. 그래서 화산 연구와 생태계 연구에 대한 가치를 인정받아서 '제주 화산섬과 용암 동굴'이라는 이름으로 세계 자연 유산으로 등재되었어. 세계 자연 유산으로 지정된 지역은 한라산, 성산일출봉, 거문오름 용암동굴계지.
　1,950미터의 한라산은 남한의 최고봉이면서 제주도를 상징하는 화산이

한라산 백록담

야. 꼭대기에는 백록담이 있고 주변에는 40여 개의 오름을 가지고 있지. 그리고 한라산은 1,400미터 이상에는 구상나무 숲, 1,700미터 이상에는 돌매화나무와 시로미가 서식하는 등 높이에 따라 식물의 분포가 달라. 또, 제주등줄쥐, 제주족제비, 제주도룡뇽 등 우리나라 고유종들이 살고 있어 생물학적 가치가 매우 높지.

바닷가에 있는 182미터의 성산일출봉은 약 5천 년 전 얕은 수심의 해저에서 수성 화산 분출에 의해 만들어졌어. 성산일출봉은 사발 모양의 분화구를 간직하고 있고 해안 절벽을 따라 다양한 화산 구조를 보여 주고 있어. 그래서 수성 화산의 생성 과정을 밝혀 주는 중요한 연구 자료가 되고 있어.

거문오름은 나무가 많아 숲이 검게 보인다고 해서 붙여진 이름이야. 지금으로부터 약 30만 년 전에 거문오름에서 용암이 분출하면서 벵뒤굴, 만장굴, 김녕굴, 용천동굴, 그리고 당처물동굴 등 독특한 용암 동굴도 만들어졌지.

용암 동굴은 화산 폭발 과정에서 만들어진 동굴이야. 화산이 폭발하면 용암이 강물처럼 흘러내려. 이때 용암의 겉 부분은 공기와 만나면서 빨리 식어 굳어 버리지. 반면 안쪽은 용암이 계속 흘러 내려가. 결국 용암이 다 흘러 내려가면 빈 공간이 생기고, 그게 용암 동굴이 되는 거야. 제주도의 만장굴과 김녕굴은 세계에서도 손꼽힐 정도로 길이와 통로의 규모가 매우 크고 벵뒤굴은 세계에서 가장 복잡한 미로형 통로를 가지고 있어 연구 가치가 높지.

우포늪

생명을 지탱하는 땅, 습지

우리나라의 서해안과 남해안에는 밀물과 썰물의 차가 커서 대규모 갯벌이 많아. 갯벌은 바닷물이 들어오면 잠겼다가 바닷물이 빠지면 드러나는 땅이야. 바닷물이 운반해 온 미세한 흙모래가 해안에 쌓여 평평하게 형성된 연안 습지_{강이나 호수, 바닷가를 따라서 닿아 있는 축축한 땅}를 말하지. 우리나라의 갯벌은 규모가 매우 커서 유럽의 북해 연안, 북미의 캐나다의 동부 연안, 미국 동부의 조지아 주 연안, 남아메리카의 아마존 하구 유역과 더불어 세계 5대 연안 습지로 손꼽히고 있지.

갯벌 말고도 호수, 늪, 저수지 등 내륙 습지도 있어. 습지는 다양한 생물의 보금자리가 되어 주고, 물을 깨끗하게 하고, 홍수와 기후를 조절하는 역할도 하지. 그래서 세계 여러 나라에서는 람사르 협약을 통해 습지를 보호하고 있어. 람사르 협약은 물새 서식처로서 국제적으로 중요한 습

순천만

지의 보전에 관한 국제 협약이야. 우리나라도 1997년에 백한 번째로 가입해서 현재 16개의 습지를 등록했어. 강원 인제군 대암산 용늪, 경남 창녕군 우포늪, 인천 강화군 매화마름 군락지, 전남 순천만, 무안 갯벌 등이 람사르 협약에 등록되어 있는 습지야.

  우리나라의 습지는 세계적으로 중요성을 인정받고 있지만 지난 20여 년 동안 간척 사업과 도시 개발로 인해 서울시 면적의 3배가 넘는 습지가 사라졌다고 해. 앞으로라도 더 이상 습지가 사라지지 않도록 관심을 갖고 노력해야 해.

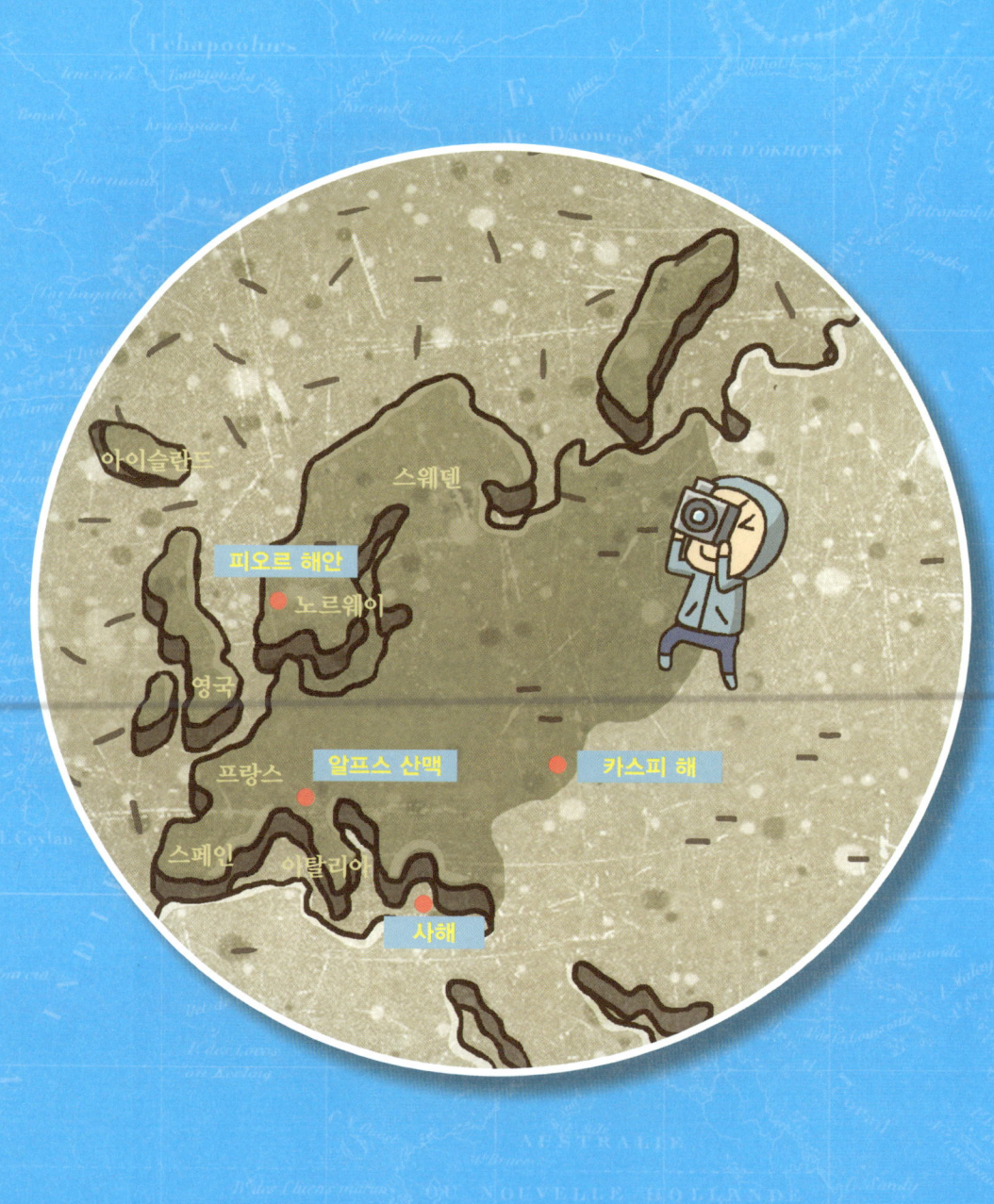

2장
유럽

유럽은 아시아와 이어져 있지만,
우랄 산맥과 카스피 해를 경계로 아시아와 나누어져.
면적은 좁은 편이지만 여러 나라가 오밀조밀 모여 있어서 인구 밀도가 높아.
그리고 알프스 산맥을 중심으로 북쪽과 남쪽의
기후, 문화, 농업, 사업 등 특징이 매우 다르단다.
다채로운 문화가 어우러진
유럽으로 여행을 가 보자!

유럽을 가르는 장벽
알프스 산맥

나의 사전에 불가능이란 없다

　알프스 산맥을 이야기할 때 빼놓을 수 없는 사람이 있어. 1800년대 프랑스 황제 나폴레옹이야. 한창 전쟁 중이었던 나폴레옹은 이탈리아에 주둔한 오스트리아군과 싸우기 위해서 떠날 참이었어. 하지만 이탈리아로 가는 길은 알프스 산맥이 떡 가로막고 있었어. 나폴레옹은 고민에 빠졌지. 알프스 산맥을 넘자니 너무 험하고, 넘지 않고 돌아가려니 시간이 너무 많이 걸렸던 거야. 나폴레옹은 어떤 선택을 했을까? 나폴레옹은 대군을 이끌고 눈보라가 몰아치는 높디높은 알프스 산맥을 넘어가기로 했지. 이때 "나의 사전에 불가능이란 없다."라는 유명한 말을 남기면서 나흘 만에 이탈리아까지 갈 수 있었대.

　알프스 산맥은 유럽의 남서쪽 지중해에 있는 제노바 만에서 시작해서 프랑스와 이탈리아 국경, 스위스를 지나 오스트리아 빈까지 이어지는 산

맥으로 활처럼 휘어져 있지.

　알프스 산맥은 높이 3천 미터 이상인 곳에서는 기온이 매우 낮아. 그래서 대서양에서 불어오는 습한 바람을 맞이하는 서부 알프스나 중부 알프스에는 여름에도 눈이 내려서 산꼭대기 부근에는 항상 빙하지상에 쌓인 눈이 얼고 녹기를 반복해서 만들어진 거대한 얼음덩어리가 있어. 그래서 이름도 '희고 높은 산'이라는 뜻을 가진 '알프스'가 되었어.

　알프스 산꼭대기가 뾰족한 이유는 이 빙하 때문이야. 빙하가 무게를 이

눈 덮인 융프라우 산

기지 못하고 조금씩 움직이면서 땅을 긁어 산꼭대기를 더욱 뾰족하게 만들고 깊은 계곡을 만들어 냈지.

산에 오르면 상금을 드립니다

히말라야 산맥에서 가장 높은 산은 에베레스트 산이야. 그렇다면 알프스 산맥에서 가장 높은 산은 무엇일까? 알프스 산맥의 최고봉은 프랑스 샤모니에 위치한 몽블랑 산이야. 4,807미터로 유럽에서 가장 높은 산이지. 높기도 하지만 꼭대기까지 뒤덮여 있는 빙하 때문에 쉽게 오르지 못하는 산이라고 해. 그래서 옛날에는 사람들이 알프스 산맥에 악마가 산다고 믿었고 몽블랑 산도 '악마의 산'이라고 불렸지.

그 밖에도 스위스에 있는 마터호른 산(4,478미터)은 파라마운트 영화사의 로고로 잘 알려져 있고, 융프라우 산(4,158미터)은 알프스 산맥 가운데 유일하게 세계 자연 유산으로 선정되어 있어. 특히 융프라우 산에 가면 유럽에서 가장 높은 곳에 있는 철도역 융프라우요흐(3,454미터)까지 기차를 타고 올라가면서 멋진 풍경을 한눈에 볼 수 있지.

이런 산들이 아름답게 여겨지는 까닭은 단순히 높은 산에 만년설이 있어서가 아니야. 빙하에 의해 만들어진 협곡과 폭포가 잘 보존되어 있고, 산 아래에서 자연을 아끼며 살아가는 사람들의 풍경이 어우러져 있기 때문이지.

"야호!" 동물 살려! 산꼭대기에 올라가면 "야호!"하고 소리치는 사람들이 많아. '야호'는 독일어의 '요후(johoo)'에서 생겨난 말이야. '요후'는 '나 여기 있어!', '사람 살려!'라는 뜻이야. 산악 장비가 지금처럼 발달하지 않았을 때 산악인들끼리 위치를 파악하거나 조난되었을 때 사용한 암호였대. 그러다가 사람들이 아름다운 메아리를 들으려고 소리치기 시작하면서 발음하기 쉬운 '야호!'로 바뀐 거야. 하지만 요즘에는 산에서 큰 소리로 외치는 걸 금지하고 있어. 산에 사는 야생 동물들이 놀라거나 스트레스를 받기 때문이야. 언제나 다른 생물을 배려해야 한다는 걸 잊지 말자!

유럽의 기후와 문화를 가르는 경계선

　장벽처럼 우뚝 솟아 있는 알프스 산맥은 유럽 중남부에 동서로 길게 뻗어 있어. 그래서 북쪽의 유럽 대평원과 남쪽의 지중해 연안 지역을 구분하는 경계선이 되었지.

　유럽의 기후는 세 가지로 나눌 수 있어. 대서양에서 불어오는 따뜻한 바람 덕분에 기온차가 적은 서안 해양성 기후, 기온차가 크고 건조한 대륙성 기후, 온난한 지중해성 기후야. 그런데 알프스 산맥은 이 세 가지 기후가 모두 만나는 곳이어서 날씨의 변화가 몹시 심해.

　특히 알프스 산맥을 기준으로 북쪽과 남쪽의 기후가 매우 다르기 때문에 푄 현상이 생겨. 알프스 산맥 남쪽에 있는 지중해에서 봄부터 따뜻한 바람이 불어와 산맥을 넘는데, 독일 남부의 대륙성 기후와 만나서 기온이 10도나 쭉 올라가고 건조해져. 따뜻하고 촉촉했던 바람이 알프스 산맥을 넘어오면서 고온 건조한 바람으로 변하는 거야. 이런 바람을 '푄'이라고

해. 우리나라에서는 동해안의 태백산맥에서 이런 현상이 일어나는데 우리말로 높새바람이라고 불러.

알프스 남쪽에서 푄이 불어오는 시기가 되면 따뜻하고 건조한 바람 때문에 계곡에 있던 눈이 빠르게 녹아서 강으로 흘러 들어가. 간혹 눈이 녹는 양이 너무 많아서 강 주변에 홍수가 나기도 해. 하지만 물이 풍부해지니까 농사에 많은 도움을 주지. 푄 현상의 영향을 받는 스위스나 프랑스에서는 지대가 높은 곳에서 넓은 포도밭을 가꾸는 모습을 쉽게 볼 수 있어.

또한 높은 알프스 산맥 때문에 북쪽 지역과 남쪽 지역이 각각 다른 문화의 영향을 받았지. 그래서 알프스 산맥을 경계로 이탈리아, 프랑스, 스페인이 있는 남쪽은 로마의 영향을 받은 라틴 문화권이, 독일과 영국이 있는 북쪽은 게르만 문화권이 형성되었어.

지금은 교통의 발달로 문화적인 경계선은 거의 없어졌어. 알프스 산맥에 긴 터널을 뚫어서 도로와 철도를 만들어 북쪽과 남쪽을 연결했기 때문이야. 세계에서 가장 긴 고트하르트 베이스 터널(약 57킬로미터)이 알프스 산맥을 통과하고 있지. 교통이 발달하고 겨울 스포츠의 인기가 높아지면서 알프스 산맥은 세계적인 관광지가 되어 많은 사랑을 받고 있어.

알프스 산에서 눈을 볼 수 없게 된다고?

"에델바이스 에델바이스 아침 이슬에 젖어 귀여운 미소는 나를 반겨 주네~!"

갑자기 웬 노래냐고? 이 노래는 영화 〈사운드 오브 뮤직〉에 나오는 〈에델바이스〉라는 곡이야. 알프스 산을 배경으로 한 유명한 영화지. 에델바이스는 '고귀한 흰 빛'이란 뜻을 가진 꽃 이름이야. 이름처럼 꽃에 흰 양털처럼 부드러운 털이 나 있지. 별처럼 생긴 꽃 모양 때문에 '알프스의 별'이라고 불리기도 해.

알프스 산맥의 3천 미터 이상 높이에서는 식물이 자라지 않고 암석과 만년설만 볼 수 있어. 하지만 그 밑으로는 다양한 생태계를 이루고 있지. 해발 1,500미터까지는 너도밤나무와 자작나무 등의 활엽수가 자라나고 있고 1,800미터까지의 중간 지대에는 가문비나무, 소나무, 전나무 등의 침엽수가 있어. 그리고 2,400미터의 고산 초원에서는 6~8월이면 갖가지 색으로 피어나는 꽃과 풀 등 여러 고산 식물을 볼 수 있어. 에델바이스도 알프스에서 자라는 고산 식물 중 하나야. 그리고 이 꽃밭 사이에서 땅에 구멍을 파고 들어가 사는 다람쥐과 동물 마모트도 볼 수 있지.

그런데 알프스 산맥에서 이렇게 아름다운 눈과 고산 초원을 볼 수 없게 될 수도 있대. 바로 지구 온난화 때문이야. 지구 온난화 때문에 지구의 평균 기온이 올라가면 알프스 산맥에 있는 빙하도 점차 녹게 되지. 실제로 알프스 산맥의 빙하의 양은 1850년 이후 3분의 2가 사라졌어. 지구 온난화가 계속되면 아마 후손들은 정말 알프스 산맥의 빙하를 못 볼지도 몰라.

냉정과 열정 사이
아이슬란드

화산과 함께 살아가는 사람들

아이슬란드는 8세기경까지는 무인도였어. 9세기 초부터 아일랜드의 수도승과 노르웨이에 살던 농부, 군인 들이 이주하면서 사람들이 살기 시작한 곳이지. 그러다가 14세기 말에는 덴마크의 지배를 받았고, 1944년에 독립을 하게 되었어.

아이슬란드의 넓이는 약 10만 제곱킬로미터로 유럽에서 두 번째로 큰 섬이야. 넓이는 남한과 비슷하지만 인구는 30만 명 정도밖에 되지 않아서 인구 밀도가 매우 낮아.

아이슬란드는 북대서양에서 터진 화산 활동으로 생긴 섬이야. 북대서양에 위치해 추운 나라지만 아직 활동하고 있는 화산이 있어서 아주 차가운 것과 아주 뜨거운 것이 함께 있는 나라지. 덕분에 지형도 아주 다양해. 만년설과 빙하로 덮인 고원 지대, 여름에만 언 땅이 녹아 풀과 이끼가 자라는 땅 툰드라, 화산암으로 된 사막 등 여러 지형이 아이슬란드에 있지.

그중에서도 남서부 해안가에서만 농사를 지을 수 있기 때문에 많은 사람들이 살고 있어. 나머지 지역에는 아직도 활동하고 있는 화산이 많다 보니까 사람이 살기 힘들지. 그만큼 아이슬란드 사람들의 삶은 화산의 영향을 많이 받고 있어.

특히 1783년에 폭발한 라키 화산(853미터) 폭발은 기록에 남을 정도로 엄청났어. 용암이 70킬로미터까지 흘러내렸고 비처럼 화산재가 떨어져 마을이 묻혀 버리기도 했어. 뿐만 아니라 화산 폭발 때 나온 독가스가 목초지를 오염시켰지. 당연히 농사도 망치게 되어 사람과 가축의 식량이 부족하게 되었어. 당시 아이슬란드 인구의 5분의 1에 해당하는 1만 명이 굶어 죽게 됐고 가축도 4만 마리가 죽었다고 해. 너무나 끔찍한 재앙이었지.

1830년에는 아이슬란드 주변에 있는 큰바다쇠오리의 산란지에 화산이 폭발해서 많은 큰바다쇠오리가 죽게 됐어. 가뜩이나 개체수가 별로 없는 종이었는데 치명적이었지. 1996년에 일어난 화산 폭발은 빙하를 녹여서 아이슬란드에 홍수가 나기도 했고, 2004년에는 빙하 200미터 아래에 묻혀 있던 그림스뵈튼 화산이 폭발하여 거대한 화산재 기둥이 생기기도 했어.

지금도 아이슬란드는 30여 개의 활화산 화산 활동을 계속하고 있는 화산이 있어. 유럽 항공 교통 관제국은 아이슬란드에서 화산이 터지면 유럽 전체의 항공기 운항을 중단시키기도 해. 화산재 구름의 미세한 입자가 항공기 엔진을 멈추게 할 수 있기 때문이야.

아이슬란드의 화산

　그런데 아이슬란드의 화산이 재앙인 것만은 아니야. 수중 화산 폭발로 아이슬란드의 국토가 조금씩 늘어나고 있기 때문이지. 1963년에는 아이슬란드 남쪽 앞바다에서 수중 화산인 수르체이 화산이 폭발해 섬이 만들어졌어. 4일 동안 폭 600미터, 높이 60미터의 섬이 만들어졌고 2년 후에는 녹색 식물이 자라더니 5년 후에는 40종이 넘는 곤충과 새들이 날아다니게 되었지. 자연의 생명력은 참으로 놀랍지?

2장 유럽 67

독특한 지형은 관광지로

관광객들이 아이슬란드에 가면, '게이시르'라는 간헐천을 많이 찾는대. 간헐천은 화산 활동이 있는 곳에서 많이 나타나는 온천인데, 지하의 압력 때문에 일정한 간격으로 온천수나 수증기를 뿜어내지. 간혹 요란한 소리와 함께 온천수가 20미터까지 치솟으면서 물보라를 뿜어내는 모습에 사람들은 탄성을 지르기도 한대.

굴포스 폭포

그리고 아이슬란드 흐비타 강에 있는 굴포스 폭포도 독특한 지형 때문에 관광지가 된 곳이야. 폭이 넓게 계단 형태로 쏟아지다가 90도에 가까운 절벽 아래로 쏟아져 내리는 폭포지.

그 밖에도 아이슬란드의 오로라는 캐나다 옐로우나이프의 오로라와 함께 아름다운 풍광으로 유명해. 오로라는 극지방 대기층에서 빛이 나타나는 현상이야. 극지방에서 겨울철 밤에 볼 수 있는데 녹색이나 황색, 적색, 청색, 보라색 등 색도 다양하고 띠 모양이나 천 조각 모양 등 다양한 모양으로 나타나기도 해. 아이슬란드에서는 오로라 중에 가장 아름답다는 커튼형 오로라를 볼 수 있대.

2장 유럽 69

아이슬란드 지열 에너지 발전소

눈이 내려도 길이 금세 말끔해진다고?

아이슬란드는 춥고 땅도 척박할 것 같아서 사람이 살기 어려워 보인다고? 하지만 사람은 환경에 적응력이 뛰어나잖아. 다 어려운 환경을 이겨 낼 지혜를 갖추고 있지. 아이슬란드 사람들도 마찬가지야. 옛날에는 아이슬란드 사람들은 집의 절반 정도를 땅속으로 쑥 넣고 지어서 추위를 막았어. 지금은 조금 더 과학이 발달해서 주어진 자원을 활용해서 추위를 극복하고 있어.

바로 온천과 지열 에너지 자원을 이용하는 거야. 온천수를 이용해서 난방도 하고, 수영장도 만들고, 전기를 생산하기도 해. 그리고 지열 파이프를 땅속에 묻어 농사를 짓기도 하고, 온천의 열기를 이용해서 온실에 화초를 키우기도 하지. 지열을 이용해 생선을 말려 수출하기도 하고 말이야. 뿐만 아니라 공공건물의 주차장이나 주요 도로는 땅속에 온수 파이프를 묻어 두어서 아무리 눈이 내려도 얼지 않는대. 그래서 눈이 내려도 길이 금세 말끔해지지. 자연을 잘 활용해서 어려움을 극복한 좋은 예야.

발전은 부족하지만 자연이 풍족한 나라 아이슬란드는 인구 밀도가 워낙 낮아서 대중교통이 잘 발달되어 있지 않아. 기차를 타고 반나절이면 서울과 부산을 오고 갈 수 있는 우리나라랑 다르게 아이슬란드는 철도가 없어. 버스도 여름 성수기에만 다닐 정도야. 사람이 별로 없으니까 대중교통을 운행하면 경제적으로 손해를 보기 때문이래. 그리고 제조업이 발달하지 않아서 주변 나라에서 생필품이나 공산품을 수입해서 쓰기 때문에 물가가 아주 높지. 그래도 주어진 자연환경이 망가지지 않게 잘 보존해서 사람과 자연이 조화롭게 살고 있는 몇 안 되는 나라야.

바다처럼 넓은 호수
카스피 해

세상에서 가장 큰 호수

　세상에서 가장 큰 호수는 어디일까? 방금 바이칼 호수를 떠올린 친구들이 있을 것 같은데 바이칼 호수보다 더 큰 호수가 있어. 바로 카스피 해야.

　앗, 이름에 '해' 자가 붙으면 '동해'나 '지중해'처럼 바다를 가리키는 말인데 카스피 해는 왜 호수냐고? 보통 큰 바다는 '태평양'처럼 이름에 '양'이 붙고 작은 바다에는 '해'를, 호수에는 '호'를 붙이지. 하지만 카스피 해는 바다만큼 넓지만 육지로 둘러싸여 있어서 호수라고 이야기하는 거야. 카스피 해는 면적이 워낙 크다 보니까 러시아, 아제르바이잔, 투르크메니스탄, 카자흐스탄, 이란까지 다섯 나라에 둘러싸여 있어.

　원래는 카스피 해가 지중해에 포함되어 있었어. 하지만 지각 변동으로 인해 육지에 둘러싸이면서 지중해와 분리되면서 호수가 된 거야. 그래서

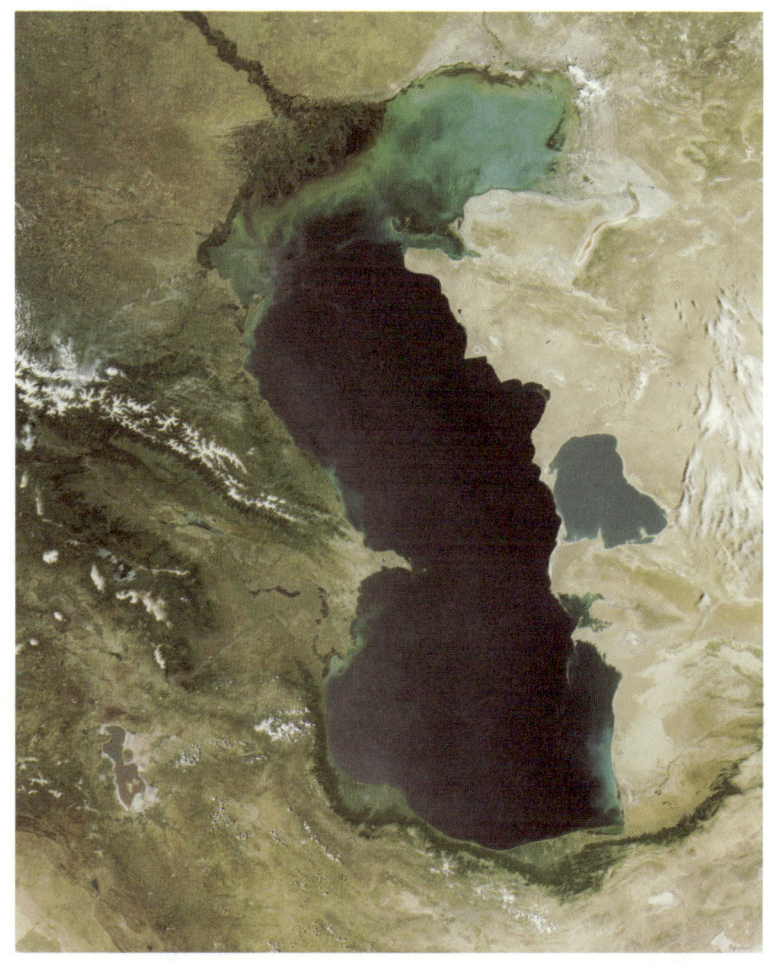

카스피 해 위성 사진

카스피 해에는 지금도 염분이 남아 있지. 바닷물보다는 농도가 절반 정도 옅지만 말이야. 강물이 흘러 들어가는 북부 카스피 해는 남부 카스피 해보다 염분의 농도가 더 옅어.

분쟁의 씨앗

카스피 해는 여러 나라에 걸쳐 있다 보니 주변 나라들 사이에서 분쟁이 잦다고 해. 각 나라마다 입장이 다 다른데 그중에는 카스피 해를 호수로 인정하지 않고 바다라고 주장하는 나라도 있어. 왜 그럴까?

카스피 해는 철갑상어를 비롯한 정어리, 바다표범 등 수산 자원이 풍부해서 어부들에게 좋은 삶의 터전이 되어 왔어. 그런데 최근에 수산 자원뿐만 아니라 원유 매장량이 2,700억 배럴로 세계 7위이고, 천연가스 매장량은 세계 1위로 밝혀졌지. 카스피 해를 둘러싼 다섯 나라들은 이 자원을 차지하기 위해 분쟁을 벌였어. 정상 회담까지 했지만 나라마다 의견 달라서 카스피 해에 대한 문제를 아직 해결하지 못했지. 어떤 주장인지 한번 살펴볼까?

먼저 러시아와 카자흐스탄은 카스피 해를 바다라고 주장하고 있어. 카스피 해를 바다로 인정할 경우 국제 해양법 조약에 따라 해안선에서 12해리 바다 위나 공중에서 거리를 나타낼 때 쓰는 단위, 1해리=1852미터가 영해 영토에 닿아 있어서 그 나라의 통치권을 적용할 수 있는 범위의 바다가 되기 때문이야. 러시아와 카자흐스탄은 카스피 해의 해안선을 가장 길게 차지하고 있어서 가장 많은 자원을 확보할 수 있게 되지.

반면에 이란은 카스피 해를 호수라고 주장하고 있어. 카스피 해가 호수로 인정받을 경우, 호수와 맞닿아 있는 나라에게는 카스피 해에 대해 균등한 권리를 줘. 그래서 해안선의 13퍼센트를 차지하고 있는 이란은 카스피 해가 호수일 경우에 20퍼센트까지 해안선을 추가로 확보할 수 있기 때문에 바다로 인정할 수 없다고 펄쩍 뛰는 거야.

물론 다른 분쟁 지역처럼 전쟁이 일어나지는 않았어. 하지만 앞으로 점점 자원이 부족해지면 어떻게 될지 모르니까 카스피 해를 둘러싸고 있는 나라들은 해군을 주둔시켜서 만일의 사태에 대비하고 있어.

심지어 러시아는 카스피 해와 흑해를 연결하는 운하를 건설하려고 한대. 그렇게 되면 카스피 해는 바다가 되고 러시아가 원하는 자원을 확보할 수 있게 되는 거야. 하지만 운하를 건설하면 환경이 파괴되는 건 당연한 일이니 환경 전문가들은 반대하고 있지. 분쟁 없이 조금씩 이익을 나누어 가지면서 문제를 해결할 가장 좋은 방법이 무엇일지 지금도 많은 사람들이 고민하고 있어.

해안선이 구불구불
피오르 해안

〈겨울 왕국〉의 배경이 된 나라

한동안 엄청난 인기를 끌었던 디즈니 애니메이션 〈겨울 왕국〉 다들 알지? 〈겨울 왕국〉을 보면 끝없이 펼쳐진 만년설과 깎아지는 듯한 높은 산들, 항구 근처의 작은 마을 등 아름다운 배경이 펼쳐지지.

그곳의 실제 배경은 바로 노르웨이에 있는 베르겐이라는 도시야. 지금 인구 20만여 명이 사는 항구 도시지만, 한때는 노르웨이의 수도였고 아름다운 풍경 덕에 1979년에 유네스코 세계 문화 유산으로도

지정된 곳이야.

　노르웨이는 노르만 족인 바이킹의 후예가 세운 나라야. 바이킹은 8세기부터 11세기까지 바다를 통해 유럽 곳곳으로 진출해 상업을 발달시키며 많은 영향을 끼쳤어. 당시에는 아이슬란드와 캐나다까지 원정을 갈 정도로 위세가 대단했어. 바이킹 중에서는 배를 약탈하는 무리도 있어서 해적이나 침략자와 같은 나쁜 인상을 주기도 했지만 뛰어난 항해술을 남기기도 했지.

　노르웨이의 바이킹 박물관에서는 지위가 높은 바이킹이 죽을 때 함께 묻었던 배들을 볼 수 있어. 바이킹들은 무덤 대신 배를 피오르 해안에 묻었다고 해. 그렇다면 바이킹의 배가 묻힌 피오르는 어떤 곳일까?

거대한 빙하의 흔적, 피오르

　피오르는 빙하가 중력에 의해 이동하면서 만든 지형이야. 커다란 빙하는 움직이면서 주변 지형을 깎아 골짜기를 만들고 그 자리에 바닷물이 깊숙이 들어와서 좁고 길쭉한 형태의 만이 된 거지.

　노르웨이에서 가장 긴 피오르는 '송네 피오르'야. 길이가 약 200킬로미터에 깊이가 약 1,200미터로 노르웨이의 3대 피오르 중 하나지. 노르웨이의 해안선은 피오르 때문에 매우 구불구불해. 해안선을 쭉 펴서 재면 길이가 무려 2만 킬로미터 정도가 된다고 해.

송네 피오르

피오르의 나라

노르웨이는 북유럽 국가 중 유일하게 북쪽으로 바다와 맞닿아 있는 나라야. 그리고 대도시는 항구를 중심으로 발달해 있어. 지금은 버스나 기차가 많이 있긴 하지만 산도 많고 피오르라는 장애물도 있어서 운송비가 많이 들지. 그래서 배는 노르웨이 사람들에게 매우 중요한 교통수단이야. 노르웨이가 옛날부터 항해술이 발달한 이유가 피오르 때문이기도 해.

노르웨이는 세계에서 네 번째로 배가 많은 나라야. 그리고 중국에 이어 세계에서 두 번째로 물고기를 많이 잡을 만큼 어업이 발달했어. 특히 연어와 청어가 가장 많이 잡히지. 구불구불한 피오르 지형 덕분에 연어나 무지개송어 등을 키우는 양어장을 갖추기에도 좋아. 때문에 세계 4대 양어 지역이기도 해.

피오르 지형이 많아서 넓은 강 유역이 발달하지는 않았어. 그래서 농사를 지을 땅은 전체 국토의 3퍼센트밖에 안 돼. 대신 비탈진 곳에서 기를 수 있는 앵두나 사과 등 과일나무를 많이 재배하고 목축업을 주로 하고 있어. 그리고 모든 강이 계단식 지형으로 되어 있어서 물이 빠르게 흘러 수력 발전을 하기 좋아. 덕분에 세계적인 수력 발전국이라는 별명도 얻었지.

요즘에는 피오르와 오로라, 북극 생태계를 보기 위해 관광객들이 많이 찾아와서 관광 산업도 발달했어. 특히 배를 타고 가면서 피오르를 바라보면 아득한 높이의 절벽에서 쏟아지는 폭포를 볼 수 있고 거대한 고드름이나 눈 덮인 산 등 훌륭한 자연 풍경을 감상할 수 있어.

죽음의 바다
사해

몸이 둥둥 뜨는 물

수영을 배우지 않아도 물 위에 떠 있을 수 있다면 얼마나 좋을까? 물 위에 가만히 누워 책을 읽을 수 있다면 어떤 기분일까? 만화에서나 가능한 일이라고? 아니야, 실제로 그런 곳이 있어. 바로 요르단과 이스라엘의 국경을 이루고 있는 호수, 사해야.

사해는 카스피 해처럼 소금기가 있는 호수야. 그런데 사해는 카스피 해보다 훨씬 염분이 많지. 물론 다른 바닷물보다도 많고 말이야. 바다는 보통 염분이 30퍼밀 천분의 일을 나타내는 단위 정도인데 사해는 깊은 곳의 경우 350퍼밀이나 되거든. 그래서 물을 만져 보면 소금기 때문에 미끌미끌하고 소금 덩어리가 뭉쳐 있는 것도 느낄 수 있다고 해. 도대체 사해는 얼마나 짠 걸까?

이렇게 많은 소금 때문에 사해에서는 수영 실력과는 상관없이 아무나

물에 둥둥 떠 있을 수 있어. 소금이 많은 물은 밀도가 높아서 몸이 잘 뜨거든. 특히 사해는 세계에서 가장 염분이 높은 물이니까 밀도도 높겠지?

대신 사해에서는 가만히 눕기만 하고 수영은 하지는 않는 게 좋을 거야. 물이 눈이나 코에 들어가면 소금의 농도가 너무 진해서 고통스럽기 때문이지. 그리고 물 위에 떠 있다가 일어날 때에는 발바닥을 조심해야 돼. 바닥에 송곳처럼 날카로운 소금 기둥이 만들어진 곳이 많기 때문이야. 그래서 사해에 들어갔다가 여기저기 긁혀서 나오는 사람들이 많지.

왜 사해가 죽음의 바다가 된 거지?

사해는 지각 변동에 의해 균열이 깊게 파여서 주변 지형보다 더 낮게 가라앉은 곳이야. 일종의 웅덩이 같은 곳이지. 약 400만 년 전에 지구의

기온이 올라가면서 지중해의 바닷물 높이가 높아질 때가 있었어. 그때 지중해의 바닷물이 그 웅덩이로 들어갔다가 살짝 빠지면서 지대가 약간 높은 곳은 육지가 되고, 낮은 곳에는 바닷물이 그대로 남아 거대한 호수가 된 거야. 세월이 흐르면서 바닷물의 높이가 더 낮아지면서 북쪽의 갈릴리 호수와 남쪽의 사해로 갈라지게 되었지.

그 뒤로 사해에서는 물이 증발하면서 소금 성분이 너무 높아져 생물이 살 수 없게 되었어. 그래서 '죽음의 바다'라는 뜻인 '사해'라는 이름이 붙은 거야. 길이가 80킬로미터, 폭이 16킬로미터나 되어서 바다라고 생각하는 사람이 많지만 사실은 강줄기가 모여 만들어진 호수지.

그렇다고 사해가 사방이 꽉 막혀 고여 있기만 한 건 아니야. 요르단 강에서 엄청난 양의 물이 사해로 흘러 들어오거든. 그렇게 민물이 많아지면 염분의 농도가 낮아져야겠지? 하지만 사해는 기온이 40도나 돼서 물이 증발하는 속도가 다른 곳보다 빨라. 그래서 강물이 들어오는 양만큼 물이 증발하는 바람에 사해의 소금 농도가 늘 일정한 거야.

그러다 보니 요르단 강에서 살던 물고기가 사해로 들어오면 사해 입구에서 모두 죽어 버려. 그래서 예전에는 사해 근처에서 죽은 물고기를 건져서 먹고 사는 사람도 있었어. 이쯤 되면 사람들이 죽음의 바다를 찾아가는 이유가 궁금하지 않니?

사람의 몸을 살려 주는 물

　사해는 해수면보다 약 400미터가 낮은 곳이야. 지구상에서 가장 낮은 호수지. 높은 곳에 올라가면 공기 중 산소의 양이 줄어들지만 반대로 해수면보다 아래로 가면 공기 중의 산소량이 더 많아져. 그래서 사해는 공기 중 산소량이 다른 지역보다 평균 10퍼센트가 더 많아. 산소 공급이 잘 되니까 사해에서는 피로가 빨리 풀리지.

　그리고 사해는 바닷물에 비해 사람의 몸에 좋은 물질이 10배나 많아. 사해에 녹아 있는 소금이 살균 효과가 뛰어나서 몸의 염증을 줄여 주기 때문에 피부병에도 효과가 있지. 그리고 몸에 흡수가 잘 되어 불필요한 노폐물을 배출하고 혈액 순환을 돕기도 한대.

수천 년 전부터 사해의 소금과 검은 진흙은 피부 미용뿐만 아니라 근육통이나 관절염에 좋다고 알려져 왔어. 고대 이집트의 미인 클레오파트라도 사해 소금과 진흙으로 아름다운 피부를 유지했다고 하지. 진흙을 바르고 마사지를 하면 아기처럼 피부가 뽀송뽀송해지는 것을 느낄 수 있대. 그래서 이스라엘에서는 20여 년 전부터 사해의 소금과 진흙으로 화장품을 만들기도 했어. 사해가 이스라엘 경제에도 도움을 주고 있는 거지.

그런데 아쉽게도 얼마 전부터 사해가 정말로 죽어 가고 있어. 요르단 강에서 들어오는 물이 줄어들어 사해의 높이가 1년에 약 90센티미터씩 낮아지고 있어. 이미 사해의 면적은 1960년대에 비해 3분의 1로 줄어들었어. 그래서 이스라엘은 160킬로미터의 운하를 파서 홍해의 물을 사해로 끌어오려고 해. 하지만 엄청난 비용이 들기 때문에 섣불리 실행하지는 못하고 있어.

사라진 도시 소돔

사해에는 소금이 굳어서 만들어진 소금 기둥이 많아. 사해 남서부에 있는 주베르 수둠에는 소금 광산도 있지. 특히 이 지역에는 사람 모습을 닮은 거대한 소금 기둥이 있는데, 사람들은 그 소금 기둥을 '롯의 아내'라고 불러. 성경에 얽힌 이야기 때문이야.

아브라함의 조카인 롯은 소돔성에 머물던 중에 잘못을 지어 하느님의 심판을 받게 되었어. 그런데 조카를 사랑하는 아브라함이 하느님에게 간

절하게 기도한 덕분에 롯과 그의 가족들은 다행히 그 심판을 면할 수 있었어. 대신 이곳을 벗어나기 전까지 절대 뒤를 돌아보지 말아야 했어. 하지만 롯의 아내는 명령을 어기고 뒤를 돌아보다가 결국 소금 기둥이 되고 말았지. 이 전설 때문에 세계 기독교인들이 이곳으로 순례를 하러 온다고 해.

3장
북아메리카

북아메리카는 동쪽으로는 대서양을,
서쪽으로는 태평양을 끼고 있는 곳이야.
대륙의 모양이 길쭉하고 역삼각형 모양이기 때문에
열대 기후보다는 온대 기후와 북극 지방의 면적이 비교적 넓어.
북아메리카는 주로 미국과 캐나다를 중심으로
문화가 형성되어 있지.
기후에 따라 독특한 지형이 형성된
북아메리카로 찾아가 보자!

대륙이 되기엔 조금 모자란 섬
그린란드

섬일까? 대륙일까?

세계 지도를 한번 쫙 펼쳐 보자. 우리나라에서 쭉 아래로 내려가면 보이는 오스트레일리아와 북쪽에 있는 그린란드의 크기를 비교해 봐. 지도에서는 그린란드가 엄청 크게 보일 거야. 그런데 실제 크기는 조금 다르다는 사실! 지구는 둥글지만 지도는 사각형이라서 둥근 지구의 위아래, 그러니까 북극권과 남극 대륙 부분은 넓게 펼쳐서 표시하기 때문에 실제 면적과 차이가 많이 나지. 그렇다면 오스트레일리아와 그린란드 중에서 어디가 더 클까? 실제로 오스트레일리아는 그린란드보다 3배 이상 커. 그렇다고 해도 그린란드는 참 넓은데 대륙이 되기엔 부족한 걸까?

대륙이란 바다로 둘러싸인 커다란 육지야. 하지만 바다로 둘러싸여 있다고 모두가 대륙이 되는 건 아니야. 섬과 대륙의 구분은 가장 작은 대륙인 오세아니아를 기준으로 해. 그러니까 그린란드는 오세아니아에 속한

오스트레일리아보다 작아서 섬이 된 것이지. 그래서 오늘날 대륙이라고 인정받는 것은 아시아, 유럽, 북아메리카, 남아메리카, 아프리카, 오세아니아, 남극 7개뿐이고 나머지는 모두 섬이야. 남극도 온통 얼음으로 뒤덮여 있지만 그 아래는 육지이기 때문에 대륙으로 넣어 주는 거지. 그린란드가 좀 억울하겠다고? 대신 그린란드는 세계에서 가장 큰 섬이라는 별명이 붙었으니까 위안이 되겠지?

초록 땅일까? 얼음의 땅일까?

그린란드라는 나라 이름을 들으면 말 그대로 '초록 땅', '초원의 나라'를 떠올리기 쉬워. 하지만 그린란드는 초록색보다는 흰색이나 회색이 더 많은 곳이지. 그린란드의 80퍼센트 이상이 얼음으로 덮여 있기 때문이야. 사람이 살기 어려울 것 같다고? 물론 기온이 대부분 영하권에 머물러 있는 만큼 춥고 환경이 척박하니까 살기 힘든 건 맞아. 하지만 이런 환경 덕분에 그린란드만의 독특한 문화가 생겨났어.

그린란드에 사람이 처음 살기 시작한 건 기원전 2500년 무렵이래. 그때는 북극해 연안에 살던 이누이트 족이 살고 있었지. 그러다 986년경에 노르만 족인 에리크라는 사람이 이곳으로 이주하면서 '그린란드'라는 이름이 붙었다고 해. 에리크는 이곳이 마음에 들었는지 사람들이 많이 모여들길 바랐대. 하지만 눈으로 뒤덮인 땅이라는 걸 알면 사람들이 오지 않을 것 같아서 '초록 땅'이라는 뜻을 가진 '그린란드'라고 이름을 붙인 거야.

사람들은 에리크의 말만 믿고 그린란드를 찾았지만 얼음으로 덮인 걸 보고는 실망해서 대부분 다시 돌아갔다고 해. 그리고 남은 사람들도 눈이 비교적 적은 그린란드의 남쪽과 서쪽에 작은 마을을 이루며 살았어. 그 뒤로도 노르만 족은 원주민인 이누이트 족과 자주 충돌하면서 15세기까지 그린란드에 살았어. 하지만 노르만 족의 수는 점점 줄어들었고 18세기 이후에는 덴마크의 지배를 받게 되었지.

그러다 2009년 6월 21일, 그린란드는 독립을 선언해 자치권을 얻을 수 있었어. 하지만 법을 만드는 권리나 경찰, 군인 등을 지휘하는 방위권, 외

그린란드

국과 교섭할 수 있는 외교권은 아직도 덴마크에 있기 때문에 아직도 실질적으로는 독립하지 못하고 덴마크에 속해 있다고 할 수 있지. 그래서 그린란드는 지리적, 문화적으로 보면 북아메리카에 속해 있지만 정치적으로는 덴마크가 있는 유럽에 속해 있는 곳이야.

변화무쌍한 날씨를 가진 곳

그린란드는 겨울이면 영하 60도까지 내려가고 낮보다 밤이 더 길어진대. 그래서 식물이 자랄 수 없을 정도로 춥고 황폐하지. 하지만 여름에는 약 3개월 동안 태양이 지지 않는 곳도 있어. 그때는 짧은 여름 한철이지만 눈이 녹고 풀과 꽃, 나무가 자라고 엄청난 숫자의 꿀벌과 모기가 날아다니지. 물론 여름이라고 해서 우리나라처럼 더운 건 아니야. 두꺼운 스웨터를 입어야 할 정도로 춥지.

그린란드의 기후는 워낙 변화무쌍해서 기상청도 예측하기가 힘들다고 해. 기상청보다는 그린란드에서 오래 살았던 원주민들에게 물어보는 게 더 정확하대. 오랜 세월 동안 몸에 밴 날씨에 대한 감각이 과학적인 기술보다 훌륭한 거지.

그린란드의 원주민들은 바다표범, 고래, 사향소 등을 사냥하면서 자연과 함께 살고 있어. 그래서 그린란드 사람들이 가장 좋아하는 간식은 거무튀튀한 삶은 바다표범 고기야. 그리고 그린란드 북부에 있는 케커타크 마을 주변에는 다양한 종류의 텃새와 겨울 철새 수만 마리가 드나들기 때문에 마을 사람들이 새의 알을 주워 생계를 꾸려 가기도 하지. 중요한 건 반드시 새들의 개체수에 영향을 미치지 않을 만큼만 가져가서 자연의 균형을 헤치지 않는다는 거야.

지구 온난화를 반기는 나라

그린란드는 80퍼센트 이상이 얼음층으로 덮여 있는 나라야. 게다가 워낙 춥고 척박해서 경작지는 2퍼센트도 되지 않아. 그래서 대부분의 식량은 미국으로부터 수입하고 있지. 그나마 어업이 발달해서 새우, 게, 명태 등을 잡아서 수출하는데 경제 발전에 큰 도움이 되는 정도는 아니야. 결국 그린란드는 덴마크에 의지할 수밖에 없는 형편인 거지.

그런데 지구 온난화가 그린란드의 독립을 가져다줄지도 모른다는 희망이 생기고 있어. 지구가 따뜻해지면서 얼음이 녹고 점점 초록빛 땅이 늘어나기 때문이야. 그러면 우선 채소나 곡물을 경작할 수 있는 땅도 많아질 거야. 게다가 얼음층 밑에 매장되어 있는 석유와 가스, 금 등을 개발하기 쉬워지니까 경제적으로 독립할 수 있겠지. 실제로 최근에 얼음이 녹고 땅이 드러나면서 감자나 겨우 기를 수 있던 땅에 양배추와 브로콜리 같은 채소를 기를 수 있게 되었대.

그린란드는 농사를 짓기에는 적합하지 않은 땅이지만 희귀 광물이 많아. 그중 15종은 그린란드에서만 구할 수 있는 것이지. 특히 산업계의 다이아몬드라 불리는 희토류가 많아. 희토류는 휴대 전화, 풍력 발전의 터

빈, 하이브리드 자동차 등의 핵심 부품을 만드는 데 사용되는 광물이야.

또한 녹아내리는 얼음도 자원으로 활용하고 있어. 먼저 지구 온난화로 여름철에 내륙의 얼음이 빠르게 녹아내리는 것을 이용해 수력 발전소를 건설하기로 결정했어. 녹은 얼음을 생수로 만들어 수출하기도 해.

이렇게 자원 개발을 시작으로 경제가 발전하면 인구도 늘어나게 될 거야. 그리고 자연스럽게 국민의 투표를 통해 독립을 할 수 있게 되겠지. 그린란드 입장에서는 정말로 '얼음의 땅'을 '녹색의 땅'으로 만들어 줄 지구 온난화를 반길 수밖에 없겠지?

강과 바다의 싸움터
펀디 만

깔때기처럼 생긴 지형

펀디 만은 캐나다 남동쪽에 대서양 연안에 있는 뉴브런즈윅 주와 노바스코샤 주 사이에 있는 만이야. 바다가 육지 속으로 파고든 지형을 '만'이라고 했지? 펀디 만은 길이 151킬로미터, 너비 51킬로미터 정도가 육지 쪽으로 쑥 파여 있어. 마치 깔때기처럼 내륙 쪽으로 들어와 있는 거지.

이곳은 특히 조수 간만의 차가 커서 독특한 지형을 갖게 된 곳이야. 펀디 만에서는 썰물이 되면 바닷물이 빠져나가서 땅이 5킬로미터까지 드러나는데, 몇 시간만 지나면 엄청난 속도와 세기로 다시 물이 밀려와서 약 16미터 높이까지 채워진다고 해. 펀디 만에서는 이렇게 엄청난 밀물과 썰물이 하루에 두 번이나 반복된대. 하루에 밀려 들어오는 총 물의 양은 약 1,000억 톤이나 되지. 세계의 모든 강물의 양과 맞먹는 양이야.

이처럼 아주 오랜 세월 동안 엄청난 양의 물이 펀디 만을 들어갔다 나갔다 반복하면서 펀디 만 안쪽에 있는 바위 모양을 매우 독특하게 만들었어. 펀디 만의 바위들은 아래 부분이 물에 심하게 깎여서 잘록해지고 윗부분은 커다란 바위가 그대로 남아서 가분수 모양이야.

그리고 물이 몰아치니까 그 파도의 영향으로 수많은 해안 동굴도 생겼어. 붉은 사암_{모래가 뭉쳐 단단히 굳어진 돌}이 파도에 깎여서 물이 빠질 때에는 해안가에 붉은 진흙이 드러나는 것도 볼 수 있어.

밀물이 펀디 만과 접해 있는 세인트존 강과 페티코디악 강 입구에서는 소용돌이치면서 하류에서 상류로 거꾸로 올라가는 진풍경을 만들기도 해. 밀물의 양이 가장 많을 때는 강에서 해일을 일으키기도 하지. 그래서 이곳 사람들은 강과 바다가 매일같이 싸우고 있다고 표현한대.

머리 위에 나무를 심은 바위들

펀디 만은 독특한 자연 현상 덕분에 유네스코 생물권 보호 구역으로 지정되었어. 그래서 호프웰 케이프, 아카디언 해안 산림과 해변을 포함해서 이 일대를 펀디 국립 공원으로 지정하고 관리하고 있지.

특히 호프웰 케이프에 있는 바위 '호프웰록스'는 이 지역의 명물이야. 호프웰록스는 바위 위에 나무가 있는 모습이 마치 화분에 나무가 심어져 있는 모양 같다고 해서 '플라워포트록(Flowerpot Rock)'이라고 부르기도 해.

이곳은 밀물과 썰물 때 물 높이의 차이가 엄청나기 때문에 그때마다

펀디 만에 있는 호프웰록스

아주 다른 풍경을 연출해. 물이 가득 차 있을 때에는 관광객들이 카약을 타고 나가서 바위가 나무가 어우러진 경치를 구경한대. 그리고 물이 빠져서 바닥을 보이면 걸어 내려가서 잘록한 바위의 아래쪽까지 구경할 수 있지.

북아메리카의 기둥
로키 산맥

《시턴 동물기》의 배경

　세계적인 동물학자이자 박물학자인 작가 어니스트 톰슨 시턴이 쓴 《시턴 동물기》라는 책이 있어. 작가 어니스트 톰슨 시턴이 로키 산맥에서 천막을 치고 살면서 야생 동물들을 직접 관찰하며 쓴 감동적인 동물 이야기지. 풍경 묘사가 무척이나 자세해서 마치 로키 산맥에 있는 듯한 느낌을 받을 수 있어.

　로키 산맥은 아시아의 히말라야 산맥, 남아메리카의 안데스 산맥과 더불어 세계 3대 산맥 중 하나야. 약 4,500킬로미터에 이르는 로키 산맥은 알래스카 남쪽에서 시작해 캐나다와 미국을 거쳐 멕시코까지 길게 뻗어 있어서 북아메리카 대륙의 서쪽 대부분을 차지하고 있지.

　로키 산맥은 수억 년 전에는 깊은 바닷속에 있던 땅이야. 그러다 6천만 년 전에 화산 활동이 일어나면서 바다 위로 솟아올랐지. 그 뒤로도 오랜 시간 동안 화산 활동과 지각 변동을 겪고 빙하가 침식되면서 지금의 모습을 갖게 된 거야. 로키 산맥이 바다 깊은 곳에 있었다는 건 화석을 통해 알 수 있어. 곳곳에서 조개류의 조상인 암모나이트 화석이 발견되곤 하거든. 지금도 로키 산맥은 환태평양 조산대에 걸쳐 있어서 화산이나 지진 등 지각 변동이 자주 일어나.

큰뿔산양의 수난

로키 산맥 정상은 무척 강한 바람이 불고 기온도 영하 50도까지 내려가곤 해. 게다가 산세가 무척 험해서 사람들이 쉽게 오를 수 있는 산이 아니야. 그래서 버팔로, 흰산양, 큰뿔산양, 흑곰, 사슴, 유럽불곰, 늑대 등 야생 동물들이 사람을 피해서 살 수 있었어. 그래서인지 로키 산맥에 사는 곰들은 사람을 좀처럼 무서워하지 않는다고 해.

하지만 로키 산맥의 동물들도 사람의 욕심 때문에 멸종 위기를 겪는 경우가 많아. 그중에서 배드랜드 큰뿔산양 이야기를 빼놓을 수 없어. 배드랜드 큰뿔산양은 로키 산맥과 그 남쪽 지역의 암석 지대인 배드랜드에서 살고 있었어. 몸무게가 150킬로그램나 되는 커다란 산양이지만 다리에 힘이 무척 세서 험난한 암석 지대를 쉽게 오르내리며 살았지. 배드랜드 큰뿔산양의 수컷은 이름처럼 아주 멋진 뿔을 가지고 있었어. 부드럽게 원을 그리듯 자란 뿔은 암컷들에게도 인기가 많았지. 그 멋진 뿔은 장식품으로 큰 인기를 끌었어. 그래서 사람들은 무차별적으로 산양의 뿔을

배드랜드 큰뿔산양

자르고 사냥을 했지. 큰뿔산양의 수는 급격하게 줄어들어 갔어. 그래도 1920년대까지는 배드랜드 큰뿔산양을 봤다는 사람이 종종 나오기도 했지만 지금은 멸종되어 흔적을 찾을 수가 없대.
　그 뒤로 정부는 엄격하게 법으로 정해서 야생 동물들을 보호하고 있어. 로키 산맥에서는 야생 동물들을 잡거나 상처 입히는 것뿐만 아니라 먹이를 주거나 나뭇가지를 꺾어도 벌금을 내야 하지.

아름다운 호수와 대빙원

로키 산맥에는 모레인 호수, 에메랄드 호수, 보우 호수, 루이즈 호수, 페이토 호수, 메디신 호수 등 빙하로 인해 만들어진 호수가 많아.

에메랄드 호수는 물 색깔이 에메랄드빛을 띠고 침엽수로 둘러싸여 있는 아름다운 호수야. 물 색깔이 어떻게 에메랄드빛이 될 수 있냐고? 에메랄드 호수는 빙하가 녹아 흘러내릴 때 따라온 암석들이 강물을 막아서 생긴 호수야. 당시에 부서진 석회석이 물속에 많이 쌓였는데 그 석회석이 햇빛에 반사되어서 물이 에메랄드 빛깔로 보이는 거지.

루이스 호수도 빙하가 땅을 파고들어 생긴 웅덩이에 얼음이 녹아 만들어진 호수야. 루이즈 호수 뒤로는 눈 덮인 산이 있어서 아름다움을 더하지.

그리고 컬럼비아 대빙원은 컬럼비아 산에서 흘러내린 빙하로 뒤덮인 곳이야. 이렇게 빙하로 뒤덮인 벌판을 빙원이라고 하는데, 컬럼비아 대빙원은 북극권을 빼고는 북반구에서 가장 큰 빙원이야. 빙원의 넓이가 무려 서울의 절반과 비슷하다고 해. 어마어마하지?

학자들은 지구 온난화로 인해 컬럼비아 대빙원이 수십 년 이내에 사라질 수 있다고 걱정스러워하지. 컬럼비아 대빙원에 해마다 7미터가량 눈이 오지만 빙하가 워낙 빨리 녹아서 빙하의 양이 해마다 5미터씩 줄어들고 있대. 지구 온난화 때문에 이렇게 멋진 풍경을 볼 수 없게 되면 정말 슬플 것 같아.

컬럼비아 대빙원

개발과 보존 사이의 갈등

캐나다 로키 산맥의 밴프 지역은 1885년에 캐나다 최초로 국립 공원으로 지정된 곳이야. 유네스코가 지정한 세계 문화 유산으로도 잘 알려져 있지. 그래서 한 해 500만여 명의 관광객이 찾고 있어. 캐나다는 관광객들을 위해 로키 산맥에 박물관, 스키장뿐만 아니라 수십 개의 호텔과 수백 개의 음식점 등을 만들었지. 숲속에 아기자기하게 만든 건물들은 그냥 보기엔 영화나 동화 속 풍경처럼 멋져 보이기만 해. 이렇게 관광지로 개발하면 경제적으로도 도움이 되고 관광객들에게 편리함도 제공할 수 있지만 숲속에 사는 동물들을 생각하면 무작정 개발하는 건 한 번쯤 다시 생각해 보아야 해. 숲을 훼손해서 길을 내고 건물을 지으면 사람은 편리하지만 동물들은 점점 삶의 터전을 잃어 가는 거니까.

지질학의 교과서
그랜드 캐니언

죽기 전에 가봐야 할 곳 1위

영국 공영 방송사인 BBC가 죽기 전에 꼭 가봐야 할 세계 여행지를 뽑은 적이 있었어. 그중에서 1위가 미국의 그랜드 캐니언이었대. 그만큼 멋진 풍경을 자랑하는 곳이라는 이야기지.

그랜드 캐니언은 미국 남서부에 있는 웅장한 협곡 험하고 좁은 골짜기 이야. 절벽 지층에서 고대 오징어 화석이 나오는 걸로 보아 이곳도 오래전에는 바다였을 거야. 하지만 지질 활동으로 지층이 땅 위로 솟아오른 뒤, 로키 산맥에서 시작되는 콜로라도 강에 의해 수백만 년 동안 깎여서 거대한 협곡이 되었지.

그랜드 캐니언에는 다양한 모양과 색깔로 되어 높이 솟은 바위산이 있고 협곡 사이로 콜로라도 강이 흐르고 있어. 콜로라도 강은 지금도 협곡을 깎으며 하루에 약 40만 톤의 흙과 모래를 운반하고 있지.

그랜드 캐니언

지구의 역사가 담긴 곳

그랜드 캐니언은 규모만 큰 게 아니야. 나이도 무척 많지. 나이가 무려 20억 년이나 된다니까 지구 나이의 절반에 가까운 세월이야. 그래서 학자들 사이에서는 지질학의 교과서라고 불리는 곳이야. 그랜드 캐니언의 1,500미터에 이르는 협곡의 절벽에는 20억 년 동안 쌓인 지층이 그대로 드러나기 때문이지.

지층은 만들어진 시기에 따라 층이 나누어진 게 특징이야. 특히 그랜드 캐니언의 지층 색깔은 시간, 계절, 날씨, 빛과 그림자에 따라서 색이 달라 보여. 일출 때는 황금색, 점심 무렵에는 하늘색, 저녁의 일몰 때에는 붉은색을 띠며 아름다운 풍경을 연출하지. 아무리 인공적으로 조명을 쏘아도 만들어 낼 수 없는 풍경일 거야.

그랜드 캐니언은 언뜻 볼 때에는 마치 사막처럼 보여. 하지만 계곡 벽이나 고원에도 나무가 많아서 야생 동물과 희귀 식물이 많이 살고 있지. 식물은 콜로라도 소나무를 비롯해서 1,500여 종이나 되고, 조류는 300여 종, 곰, 퓨마, 줄무늬다람쥐, 사슴, 너구리, 여우 등의 포유류는 76종이 살고 있어. 치명적인 독을 가진 전갈이나 독거미도 있지.

물론 이곳도 철저하게 자연을 보호하기 위해서 법을 엄격하게 적용하고 있어. 그랜드 캐니언을 방문하는 관광객은 돌이나 꽃 등을 함부로 가져오거나 동물을 잡거나 만지면 벌금을 내거나 감옥에 갇힐 수도 있으니까 주의해야 해.

미국 서부의 3대 캐니언 미국에는 그랜드 캐니언만 있는 게 아니야. 그랜드 캐니언보다 규모는 작지만 브라이스 캐니언, 자이언 캐니언이 미국 서부의 3대 캐니언에 속하지. 자이언 캐니언은 버진 강 사이로 우뚝 솟은 24킬로미터의 협곡으로 신의 정원이라고 불리는 곳이야. 브라이스 캐니언은 수만 개의 뾰족한 돌기둥들이 일출과 일몰 때마다 다른 색을 띠어 아름다운 경치를 연출하지. 3대 캐니언 모두 자연이 선물하는 멋진 풍경인 만큼 계속해서 잘 보호해야 해.

빼앗고 인심 쓰는 척 보호하기

그랜드 캐니언에는 수천 년 전부터 사람이 살고 있었어. 유럽 인들이 아메리카 대륙을 발견하기 전에 이미 아메리카 대륙에는 원주민들이 살고 있었지. 그랜드 캐니언은 1869년 남북 전쟁 때 존 웨슬리 파월이 이 협곡을 탐험하면서 세상에 알려지게 되었어.

그 뒤로 유럽 인들이 원주민인 인디언들이 잘 살고 있던 땅을 빼앗아서 자기네 땅이라며 나라를 세우고 주인 행세를 하기 시작했어. 오늘날에 와서는 인디언들을 보호한다며 이곳을 인디언 보호 구역으로 만들었지.

그래서 콜로라도 강 남쪽에는 하바수파이 인디언 보호 지구, 나바호 인디언 보호 구역, 왈라파이 인디언 보호 구역이 있어. 그리고 콜로라도 강 북쪽의 고원 지대에는 카이바브 인디언 보호 구역도 있지. 인디언들은 이곳에서 수백 명씩 모여 살며 소규모의 농사를 짓거나 관광객을 상대로 관광업을 하면서 살고 있어. 본래 그들이 이 땅의 주인이었을 텐데 지금은 동물이나 식물처럼 보호를 받는다는 것이 참 이상하지?

> **대통령이 국민들을 설득해 만든 국립 공원** 그랜드 캐니언은 1919년 국립 공원으로 지정되었고, 1979년 유네스코 자연 유산에 등록되었어. 하지만 그랜드 캐니언의 국립 공원 지정은 쉬웠던 게 아니야. 그랜드 캐니언의 땅을 소유하고 있던 사람들이 땅을 나라에 내주지 않으려고 했기 때문이지. 하지만 루스벨트 대통령은 '그랜드 캐니언은 모든 미국인이 꼭 봐야 할 단 하나의 장관'이라고 주장하며 땅의 주인들과 국민들을 설득했어. 덕분에 개발로 인한 훼손을 피할 수 있었고, 지금까지 많은 사람들이 자연 그대로의 아름다움을 볼 수 있게 된 거지.

미국과 캐나다의 경계
나이아가라 폭포

폭포가 이동하고 있다고?

폭포는 한자리에서 물이 아래로만 떨어지는 거라고 알고 있잖아. 그런데 세상에는 이동하는 폭포도 있대. 북아메리카에서 굉장한 규모를 자랑하는 나이아가라 폭포 이야기야.

나이아가라 폭포는 1초당 2,800톤의 물이 엄청난 힘으로 쏟아져 내려오는 폭포야. 당연히 물이 떨어지는 강도가 세니까 폭포 아래의 땅을 깎고도 남지. 그런데 나이아가라 폭포는 물이 떨어지는 아랫부분뿐만 아니라 폭포가 떨어지기 시작하는 윗부분의 땅도 함께 깎아 내고 있어. 그래서 폭포가 떨어지기 시작하는 곳이 매년 1.4미터 정도가 깎여 나갔어. 신생대의 마지막 빙하기 때만 하더라도 이 폭포는 지금보다 10킬로미터 앞에 위치하고 있었을 거라고 해.

이대로 계속 둔다면 수천 년 뒤에는 폭포가 사라지지 않을까? 그래서

캐나다에서는 폭포가 깎여 나가는 것을 막기 위해 폭포의 상류 1킬로미터 지점에 수량 조절 댐을 만들어서 떨어지는 물의 양을 조절하고 있어. 덕분에 현재 캐나다 폭포의 여름철 수량은 초당 265톤으로 많이 줄어들었다고 해. 덕분에 폭포가 깎여 나가는 속도도 느려지게 된 거지.

　나이아가라 폭포는 규모만큼 소리도 엄청 크대. 엄청난 양의 물이 한꺼번에 쏟아지면서 천둥소리 같은 웅장한 소리를 뱉어 내지. 그래서 원주민들이 나이아가라 폭포를 '천둥소리를 내는 물'이라는 뜻인 '니아가르'라고 부르기 시작했대. 원주민들은 폭포의 굉음을 두려워하면서도 신성하게 여겨서 부족의 처녀를 제물로 바치기도 했었대.

같은 이름의 두 도시

나이아가라 폭포의 규모는 높이 50여 미터에 너비가 1킬로미터 정도로 굉장히 큰 폭포지. 규모도 규모지만 웅장한 풍경이 아름다워서 남아메리카에 있는 이구아수 폭포, 아프리카에 있는 빅토리아 폭포와 함께 세계 3대 폭포로 알려져 있어.

나이아가라 폭포는 북미의 5대호 중 하나인 이리 호수에서 35킬로미터

나이아가라 폭포

를 흘러 내려온 지점에 있어. 특이한 건 이 위치가 바로 미국과 캐나다의 국경이라는 점이야.

 나이아가라 폭포는 두개의 대형 폭포와 하나의 소형 폭포로 이루어져 있어. 강 하구에는 삼각주 형태로 된 고트 섬이 있지. 그래서 같은 강에서 흘러 내려온 나이아가라 폭포라고 하더라도 고트 섬을 기준으로 왼쪽은 미국 폭포이고 오른쪽은 캐나다 폭포야.

캐나다 폭포는 말발굽 모양이라고 해서 말발굽이란 뜻인 '호스슈 폭포'라고 부르기도 해. 캐나다 폭포의 크기는 높이 51미터, 너비가 762미터로 미국 폭포보다 훨씬 크지. 그래서 실제로 폭포 수량의 90퍼센트 이상이 캐나다 폭포로 떨어진다고 해.

나이아가라 폭포를 경계로 미국과 캐나다가 나누어져 있지만 폭포 양쪽에 있는 도시의 이름은 둘 다 '나이아가라폴스'래. 나라는 다르지만 같은 이름의 도시가 마주 보고 있다는 게 참 신기하지? 독특한 국경 지역의 지형 때문에 생긴 사연이지.

나이아가라 폭포는 떨어지는 물 때문에 주변에 항상 안개가 가득해. 날씨가 맑은 여름철에는 하루에도 몇 번씩 무지개가 생겨서 동화 같은 아름다운 풍경을 만들어 내고 있어.

모험과 감동이 어우러진 풍경

나이아가라 폭포를 구경하러 간 사람들의 대부분은 폭포 위에 있는 전망대에서 폭포를 구경해. 물론 다 같은 방법으로 폭포를 구경하는 건 아니야. 조금 독특하게 폭포를 체험한 사람들도 있지.

1829년에 샘 패치라는 사람은 세계 최초로 나이아가라 폭포에서 뛰어내렸어. 다행히 목숨을 잃진 않았지만 그 뒤로 폭포를 타고 내려가거나 뛰어내리려는 사람들이 계속 생겨났어. 하지만 너무나 위험한 행동이잖아? 바위도 깎아 내는 위력을 가진 폭포에서 사람이 뛰어내리다니 말이야. 그래서 법으로 폭포에서 다이빙하는 걸 금지시켰지. 이제 다이빙하는 사람은 없지만 폭포 근처 난간에 걸터앉아 사진을 찍던 관광객이 아래로 떨어지는 사고가 종종 발생해.

지금은 안전하게 마련된 전망대에서 마음껏 폭포를 구경할 수 있어. 케이블카를 타고 폭포 위를 왕복하면서 구경할 수도 있지. 그리고 캐나다 폭포에서는 엘리베이터를 타고 지하 38미터까지 내려가면 폭포의 뒤쪽을 들여다볼 수 있어. 비옷을 입어도 옷이 다 젖을 정도로 물보라가 치지만 경험해 보고 싶어 하는 사람들이 많아.

최근에는 폭포가 깎여 나가는 것을 막기 위해 여름철을 제외하고는 물을 최소한으로 흘려보내고 있는데 그게 또 하나의 관광 자원이 되었어. 2014년 겨울에 체감 온도가 영하 70도에 이르는 엄청난 한파가 몰려와서 수량이 적어진 폭포수가 100년 만에 얼어붙은 거야. 진귀한 풍경을 보려고 또다시 엄청난 관광객이 몰려들었지.

자연이 선물해 준 수력 발전소 나이아가라 폭포의 수량을 조절하는 댐과 폭포 사이에는 수력 발전소가 있어. 수력 발전소 수로는 강물을 하류로 흘려보내는 데 사용하기도 하고, 상류의 물을 발전소로 끌어와서 전기를 만드는 데에 이용하기도 해. 물의 양이 풍부하니까 당연히 발전량도 많아서 큰 도움을 주지.

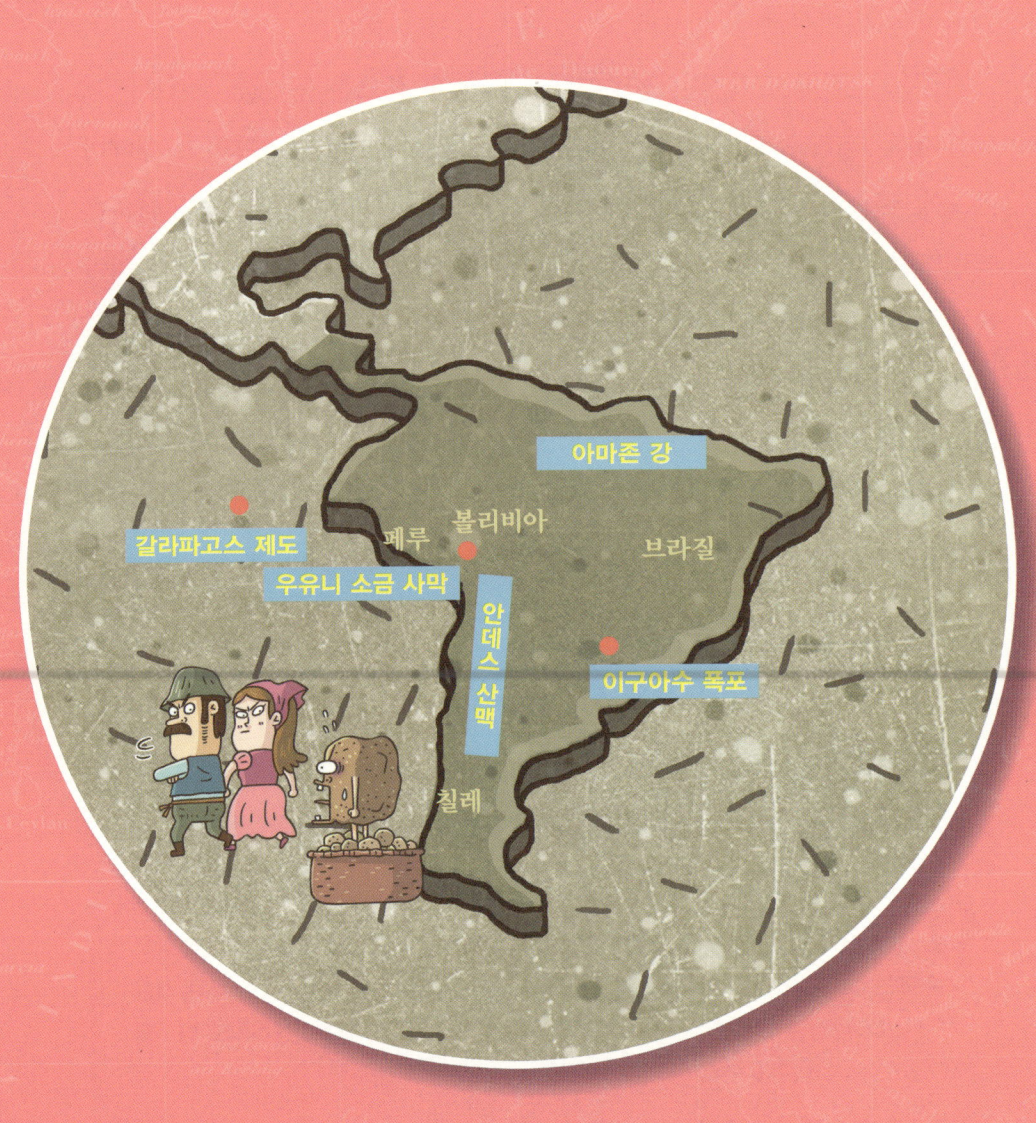

4장
남아메리카

남아메리카는 대륙 위쪽에 적도가 지나가기 때문에
북아메리카와는 다르게 열대 기후 지역이 드넓게 자리하고 있어.
특히 서쪽에 자리한 안데스 산맥에서 내려온 물줄기가
거대한 강을 이루어 세계 최대 열대 우림인 아마존을 만들어 냈어.
잉카, 마야 문명 등 고대 문명 유적이 남아 있어
신비로운 문화가 뒤섞인
남아메리카로 떠나 보자!

지구를 숨 쉬게 하는 물줄기
아마존 강

아마존 강에 사는 독특한 동물들

 세계 최대 열대 우림을 자랑하는 아마존 강은 독특한 생태계를 이루고 있어. 그중에서 아마존 강에 사는 피라니아는 이빨이 날카롭고 턱이 강해서 아마존 강의 무법자라고 불리는 물고기야. 피라니아는 적외선을 감지할 수 있어서 흙탕물 속에서도 먹이를 잘 찾을 수 있는 능력이 있지. 무리를 지어 다니면서 사람도 잡아먹을 수 있다고 해. 말로만 들어도 참 무시무시하다. 그런데 놀랍게도 아마존에서 사는 원주민들에게 피라니아는 고급 식사 메뉴라고 해.

 사실 원주민들은 피라니아보다 '칸디루'라고 불리는 메기를 더 무서워한대. 칸디루는 반투명하고 멸치만큼 작은데 동물이나 사람의 몸속에 들어가서 피와 살을 먹는 무서운 물고기지. 그 밖에도 독이 있는 가오리, 세상에서 제일 큰 뱀 아나콘다, 5미터가 넘는 악어도 위협적인 존재야.

아마존 강에는 세계에서 가장 큰 민물 물고기인 피라루쿠도 살아. 길이는 최대 5미터, 몸무게는 200킬로그램이나 되는 붉은색 물고기지. 피라루쿠는 아마존 주민들의 먹을거리가 되기도 하지만 입이 무척 크고 난폭해서 조심해야 해.

아마존에는 무서운 동물만 있는 게 아니야. 아마존 원주민들의 사랑을 받는 분홍돌고래도 있지. 분홍돌고래는 몸이 분홍빛으로 된 강돌고래야. '아마존강돌고래'라고 부르기도 하지만 원주민들은 '보토'라고 부르지. 장난을 좋아하고 영리해서 사람들의 사랑을 듬뿍 받고 있어. 원주민들은 분홍돌고래를 강의 수호신이라고 생각해서 분홍돌고래를 죽이면 불행이 찾아온다고 믿는대.

세계에서 가장 긴 강일까?

아마존 강은 아주 길어서 브라질, 베네수엘라, 콜롬비아, 에콰도르, 페루, 볼리비아 등 남아메리카 대부분의 나라들에 걸쳐 있어. 그런데 아마존 강만큼 긴 강이 또 있어. 바로 아프리카에 있는 나일 강이야. 2008년 이전까지만 해도 세계에서 가장 긴 강은 나일 강이었어. 그런데 지금은 아마존 강이 세계에서 가장 긴 강이라고 주장하는 사람이 생겼지.

아마존 강이나 나일 강처럼 큰 강의 길이는 측정하는 방법과 시기에 따라 다소 차이가 있어. 강이 어디에서 시작되는지 정확한 지점을 찾기가 어렵고, 강수량에 따라 강의 모양이 달라지기 때문이야. 아마존 강 같은 경우에도 비가 오지 않을 때 폭이 제일 넓은 곳이 11킬로미터 정도이지만 비가 올 때는 45킬로미터나 돼.

아마존 강은 수심도 깊어서 큰 배들도 강 하구에서 1,500킬로미터 위쪽에 있는 마나우스까지 항해할 수 있어. 그래서 아마존 강 곳곳에는 배에 기름을 공급해 주는 주유소가 있어. 배에 기름을 가득 채우고 출발해도 강이 워낙 길어서 도중에 기름이 떨어지기 때문이지.

> **두 가지 색을 가진 강** 브라질 북서부에 있는 마나우스 부근에는 아마존 강의 원줄기가 되는 네그루 강과 솔리몽에스 강이 섞이지 않고 나란히 흘러가는 진귀한 모습을 볼 수 있어. 네그루 강은 식물의 잎에 있는 부식산이 흘러들어서 강물의 색이 짙은 갈색이야. 그리고 솔리몽에스 강은 약한 화성암 토양을 지나오면서 강물이 흙탕물이지. 그런데 두 강물이 한곳으로 합쳐지고 나서도 서로 섞이지 않고 6킬로미터 정도를 나란히 흘러가. 그 까닭은 두 강물의 수온과 밀도, 물의 빠르기, 산성도가 다르기 때문이야. 하나의 강에 두 가지 색깔의 강물이 흐르다니, 멋지지 않니?

아마존 열대 우림

끙끙 앓고 있는 '지구의 허파'

아마존 강이 비록 가장 긴 강이 되지는 못할지라도 물이 가장 많은 강이라는 건 틀림없어. 지구 강물의 5분의 1이 아마존 강에 있기 때문이지. 그리고 아마존 강을 둘러싸고 있는 무성한 열대 우림은 지구 삼림의 40퍼센트를 차지하고 있어. 열대 우림은 글자 그대로 덥고 비가 많이 내리는 지역으로 수많은 종류의 식물과 동물이 사는 아주 습한 숲이야.

아마존의 열대 우림은 불필요한 이산화탄소를 흡수하고 전 세계 산소량의 20퍼센트를 만들어 내지. 오염 물질을 흡수하고 걸러 내는 여과기 역할도 하고 물의 순환도 돕고 있어. 그래서 아마존 숲을 '지구의 허파'라고 불러.

그런데 아마존에 길을 내고 도시를 세우면서 아마존 숲이 점점 줄어들고 있어. 소를 키우고 콩을 재배하기 위해 숲을 태우는 바람에 몸살을 앓기도 했어. 또 한쪽에서는 목재를 팔기 위해 나무를 마구 베어 냈지.

숲이 파괴되면 숲이 흡수하던 엄청난 양의 이산화탄소가 그대로 남아서 지구 온난화를 부채질하고, 물의 순환이 제대로 이루어지지 않아서 가뭄이나 홍수가 나게 되겠지? 벌써 아마존에는 여러 달 동안 비가 내리지 않는 이상 건조 현상이 나타나기도 했어.

이대로라면 100년 뒤에는 정말 아마존을 볼 수 없을지 몰라. 그래서 많은 환경 보호 단체가 아마존 열대 우림이 파괴되는 것을 걱정하고 있지만 지금도 아마존은 몸살을 앓고 있지.

아마존에서 사람들도 사라지고 있다고?

아마존에는 수만 년 전부터 원주민들이 살고 있었어. 하지만 아마존이 유럽의 식민지가 된 후로는 아마존의 원주민들도 아마존의 숲처럼 사라져 갔어.

다행히도 아직은 아마존에 남아 있는 원주민들이 있어. 턱에 20여 센티미터의 나무 막대를 꽂고 다니는 조에 족, 이제는 서구 문명을 많이 접한 와우라 족 등 200여 개의 종족이 남아 있고 36만여 명이 아마존에서 살고 있지. 이들은 서로 다른 언어로 말하며 각각 다른 문화를 가지며 살고 있어.

아마존 원주민들은 아직도 창이나 활을 이용해 물고기와 동물을 사냥해서 먹고 살아. 하지만 그들은 식구들이 하루 세 끼 먹을 만큼만 사냥을 하지. 필요 이상으로 사냥하면 자연에게 벌을 받는다고 믿고 있기 때문이야.

자연을 두려워하면서도 공존할 줄 아는 원시 문화가 남아 있는 거지.

부족 중에는 아직 문명 세계와 한 번도 접촉하지 않은 부족도 남아 있다고 해. 하지만 아마존의 개발과 함께 원주민들의 수는 점점 줄고 있어. 더불어 동물들도 점차 사라지고 있어. 아마존에는 아직 우리가 모르는 신비하고 특이한 생물이 많아. 하지만 자칫하면 우리가 이곳에 사는 생물들을 다 알지 못한 채 잃을지도 몰라.

4장 남아메리카

남아메리카의 삶의 터전
안데스 산맥

토마토, 감자, 옥수수의 고향

　토마토의 원산지는 어디일까? 스파게티에 토마토소스를 많이 쓰는 이탈리아? 뭐, 집에서도 키울 수 있으니까 베란다가 고향이라고? 토마토의 원산지는 남아메리카에 있는 안데스 산맥이야.

　토마토는 고대 잉카 문명이 있던 안데스 산맥에서 700년쯤부터 재배하기 시작했다고 해. 처음 토마토가 자라던 곳은 해발 2천~3천 미터 부근의 높은 곳이었어. 토마토의 색도 붉은색이 아니라 노란색이었고, 당시 사람들은 잘 먹지 않았대. 훗날 남아메리카를 정복한 스페인 사람들이 안데스 산맥에서 자라던 야생 토마토를 유럽으로 가져갔는데 노란 색깔 때문에 '노란 사과' 또는 '황금 사과'라고 불렀어. 그 뒤로 붉은색으로 품종이 바뀌면서 대중적인 먹을거리로 자리 잡게 되었지.

　토마토랑 잘 어울리는 채소 하나만 떠올려 봐. 너희들 토마토케첩에 감자튀김 많이 찍어 먹지? 감자도 원산지가 안데스 산맥의 고원 지대야.

안데스 산맥에 살던 원주민들은 기원전 5천 년경부터 감자를 재배했어. 감자 역시 16세기 중반에 스페인 사람들이 유럽에 가져가면서 널리 알려졌어. 그 당시에는 사람들이 감자 눈에 박힌 독소 때문에 먹기를 꺼렸고 성경책에도 나오지 않는 식물이라는 이유로 '악마의 선물'이라고 불렀지.

하지만 척박한 환경에서도 잘 자라는 감자는 유럽의 극심한 흉년에 든

든한 식량 역할을 했어. 그래서 감자를 유럽 발전의 원동력이라고 부르지. 지금은 품종 개량이 되어 밀, 쌀, 옥수수와 함께 세계 4대 작물 중 하나가 되었어.

4대 작물 이야기가 나와서 말인데, 4대 작물 중 하나인 옥수수의 원산지도 안데스 산맥이야. 옥수수도 척박한 환경에서 잘 자라서 흉년에 사람들에게 도움을 주었지. 그 밖에도 세계의 조미료가 된 고추, 고구마와 비슷하게 생겨 달콤한 맛을 내는 야콘도 안데스 산맥이 원산지란다.

이렇게 많은 작물의 원산지인 안데스 산맥은 어떤 곳일까?

세계에서 가장 긴 산맥

안데스 산맥은 남아메리카 서쪽에 있는 산맥으로 길이가 약 7천 킬로미터로 세계에서 가장 긴 산맥이야. 남아메리카 대륙의 태평양 연안을 따라 베네수엘라, 콜롬비아, 에콰도르, 페루, 볼리비아, 칠레, 아르헨티나까지 7개의 나라에 걸쳐 남북으로 뻗어 있지.

안데스 산맥의 너비는 평균 300킬로미터 정도이지만 볼리비아에서는 산맥의 너비가 700킬로미터나 돼. 그리고 6,100미터 이상인 높은 산이 50여 개나 있어. 그중에서도 아콩카과 산이 6,959미터로 가장 높아.

안데스 산맥은 1억 년 전에 태평양 판이 남아메리카 판과 충돌해서 만들어졌어. 밀도가 높은 태평양 판이 아메리카 판 밑으로 들어가면서 지층이 구부러지면서 만들어진 습곡 산맥이야. 그리고 그 지각 운동은 지금

안데스 산맥

도 계속되어 지진과 화산 활동이 자주 발생하고 있지.

안데스 산맥은 적도에 가까운 곳부터 남극 가까운 곳까지 길게 이어져 있어. 그래서 위도의 차이에 따라 기후 환경이 많이 달라. 높은 산이 많으니까 곳곳에서 빙하도 볼 수 있는데, 적도와 가까운 옥시덴탈 산맥에서는 5,300미터 이상에서 빙하를 볼 수 있고 남극과 가까운 파타고니아 고원에서는 약 750미터만 올라가도 빙하를 볼 수 있지.

그리고 안데스 산맥을 기준으로 동쪽과 서쪽의 기후도 달라. 특히 비가 오는 양이 달라서 안데스 산맥의 서쪽에는 큰 강이 없지만 동쪽으로는 넓은 유역을 가진 아마존 강, 파라나 강처럼 큰 강이 발달해 있지.

수도승의 행진을 닮은 얼음 기둥

안데스 산맥의 중앙에 위치한 고원 지대에서는 몇 센티미터에서 2미터에 이르는 다양한 크기의 뾰족한 얼음 기둥을 볼 수 있어. 심지어 5미터까지 솟아오른 것도 있지. 이렇게 빙하 표면에 솟은 길쭉하고 날카로운 얼음 기둥을 페니텐츠라고 해.

사람들은 처음에 페니텐츠가 강한 바람 때문에 만들어졌다고 생각했어. 하지만 연구를 거듭한 끝에 바람 때문이 아니라는 걸 밝혔지. 공기가 희박하며 춥고 마른 지역에서는 눈이 내리면 바로 녹지 않고 바로 기체 상태로 변해 버려. 이렇게 고체가 바로 기체가 되는 것을 승화 현상이라고 해. 그런데 이 수증기가 다시 공기 중에서 얼어붙어 뾰족한 얼음 기둥이 된 거야. 사실 이런 현상은 지구에서는 보기 힘들고 다른 행성에서나 볼 수 있다고 해.

뾰족뾰족 솟은 페니텐츠

페니텐츠는 원래 흰색 모자를 쓴 수도승들이 잘못을 반성하며 행진하는 것을 의미하는 말이야. 실제로 멀리서 얼음 기둥들의 모습을 보면 수도승의 행진처럼 보이기 때문에 이런 이름이 붙은 거지.

안데스 산맥에 사는 독특한 동식물

신기한 자연 현상을 지닌 안데스 산맥에는 어디서도 볼 수 없는 특이한 식물들도 자라고 있지.

안데스 산맥에는 파인애플과 식물 가운데 가장 큰 푸야 라이몬디라는 식물이 있어. 푸야 라이몬디는 춥고 메마른 곳에서 힘들게 살아가며 100년 만에 단 한 번 꽃을 피우는 식물이야. 푸야 라이몬디는 잎이 바늘 모양이어서 공기 중에서도 수분을 흡수할 수 있어 메마른 환경에서도 잘 자라. 다 자란 푸야 라이몬디는 10미터까지 자라기도 하지.

푸야 라이몬디는 100년을 산 뒤에 6만 개가 넘는 씨를 퍼트리기 위해서 3천 개 정도의 꽃을 피워. 그 모습이 무척 아름답기 때문에 '안데스의 여왕'이라는 별명도 생겼어. 하지만 꽃이 피고 나면 3개월 뒤에 100년 동안의 긴 삶을 마치고 말아.

3,200~4,500미터 고원 지대에 가면 바위에 녹색 이끼가 붙어 있는 듯한 식물도 볼 수 있어. 이 식물의 이름은 야레타라고 해. 야레타는 성장 속도가 늦어서 1년에 1센티미터도 못 자라. 하지만 조금씩 자라는 대신 무려 3천 년이나 살 수 있다고 해. 보기에는 아주 연약해 보이지만 사람이 올라

야레타

가서 밟아도 부러지지 않는 단단한 나무야. 사람들이 마구 베어 내 땔감으로 사용해서 지금은 멸종 위기에 처해 있지.

안데스 산맥에서는 안데스콘도르, 남방안데스사슴 등 안데스 지역에서만 볼 수 있는 동물이 많아. 안데스콘도르는 안데스 산맥 고산 초원에서 살고, 몸길이 100~130센티미터, 날개의 폭이 약 320센티미터로 거대한 몸집을 가지고 있어. 수명은 50년이나 된대. 검은색 깃털에 목에는 흰 목도리를 두른 듯 솜털이 나 있고 뒷날개 부분에도 흰 깃털이 있어서 눈에 잘 띄지. 그리고 수컷에만 머리에 볏이 있는 것이 특징이야.

남방안데스사슴은 암석이 많은 지역과 경사가 가파른 곳에서 사는 사슴이야. 다리가 매우 짧고 뒷다리는 구부러진 형태여서 서 있는 자세가 독특하지. 수컷은 최대 35센티미터까지 자라는 가지 뿔이 있는데 이 뿔은 해마다 떨어지고 다시 자란다고 해.

잉카 문명을 발달시킨 라마

산악 지역인 안데스 산맥에서 사는 사람들은 알파카, 양, 소 등을 키워. 그중에서 사람들에게 가장 사랑받는 동물은 라마야. 라마는 고산 지대에서도 적응을 잘해서 훌륭한 운송 수단이 되어 주고 고기와 털을 모두 사용할 수 있기 때문이야.

라마

2,300~4천 미터 고지대의 초원이나 숲에서 사는 라마는 아메리카 낙타라고도 불리지. 라마는 지능이 높아서 몇 번만 반복해서 가르쳐 주면 단순한 작업을 할 수 있다고 해. 게다가 50킬로그램 정도의 짐은 거뜬히 실어 나를 수 있어. 고산 지대에 사는 사람에게 이만한 동물이 없겠지.

지금은 각종 교통수단의 발달로 인해 화물을 쉽게 운반할 수 있어. 하지만 안데스 산맥의 깊은 산속이나 고원 지대에는 아직도 라마는 없어서는 안 될 운송 수단이지. 아마 안데스 산맥에 살았던 조상들에게는 더욱더 소중한 존재였을 거야. 그것은 페루 유적지에서 약 4천 년 전의 라마 뼈가 발견된 것으로 보아 짐작할 수 있지.

안데스 고원에서 가장 높은 수준의 문화를 이룩한 것은 중앙 안데스의 고원 지방이야. 16세기 스페인에 정복되기 전까지 수천 년 동안 고산 지대와 해안 사막 지대에서 여러 왕국이 발달했어. 그리고 15세기 초에는 잉카 제국이라는 고대 국가를 만들었지. 잉카 제국은 높은 지역에 마추픽추라는 공중 도시를 만들기도 했어. 어떻게 험준한 산중에 이런 일이 가능했을까? 아마도 라마라는 동물의 도움이 컸을 거라고 짐작하고 있어. 그래서 라마는 잉카 인들의 반려동물이라고 하지.

　라마는 사회적인 동물로 무리 내에서 서열을 정해. 그래서 자기보다 낮은 서열의 라마에게는 침을 뱉어. 사람에게 침을 뱉는 일은 드물지만 혹 라마의 침을 받게 된다면 좀 깊이 생각을 해 봐야겠지?

산비탈에 만들어진 계단식 밭

　과거 잉카 인들은 3천 미터 이상의 고산 지대 환경에 적응하며 살았어. 잉카의 수도였던 쿠스코에는 지금도 잉카의 후손들이 살고 있어. 눈 덮인 높은 산들 사이로 마을이 있고 그 마을 사이사이에는 산비탈에 만들어진 계단식 밭이 있어.

　사실 3천 미터 이상의 높은 지대에서는 기온이 연중 20도 안팎으로 선선하기 때문에 재배할 수 있는 농작물이 별로 없어. 그래서 이들은 가운데가 깊어지는 원형 계단식 밭을 만들어 곡물을 재배했지. 따뜻한 지방에서 자라던 농작물을 제일 따뜻한 아래층에 심은 뒤 차츰 위에 있는 밭으로 옮겨 심으면서 고산 지대의 기후에 적응시켰다고 해. 옥수수도 그렇게 해서 고산 지대에서 재배할 수 있게 되었지. 자연의 흐름을 인정하고 차츰 적응시키면서 함께 살아갈 방법을 연구하는 잉카 사람들의 행동에 감탄이 절로 나오는 곳이기도 해.

사막이 호수로 변신하는 마술
우유니 소금 사막

소금으로만 만든 호텔

우리는 소금 없이 살아갈 수 없어. 우선 소금으로 적당히 간을 맞춰야 음식을 맛있게 먹을 수 있고, 우리의 뇌와 근육은 소금을 적당히 섭취해 주었을 때 제대로 움직일 수 있대. 그럼 소금은 어디서 나오는 걸까? 가장 널리 알려진 방법으로는 염전에서 바닷물을 증발시켜서 소금을 얻는 거야. 그리고 산에서도 소금을 얻어 낼 수도 있지.

볼리비아의 알티플라노 고원에 가면 온 세상이 눈이 내린 것처럼 보이는 하얀 사막이 있어. 소금 사막 중에서 세계에서 가장 큰 규모를 자랑하는 '우유니 소금 사막'이야. 우유니 소금 사막은 3,653미터나 되는 높은 곳에 있지.

우유니 소금 사막에 가서 자동차로 하루 종일 달려도 보이는 풍경은 하얀 소금뿐이야. 그래도 소금 사막 한복판에 이곳을 찾는 손님들이 머

무를 수 있는 독특한 호텔이 하나 있어. 이 호텔은 모든 것이 소금으로 만들어져 있지. 소금 벽돌을 쌓아 호텔을 만들었고 호텔 내부의 식탁, 침대, 조각품 등도 모두 소금을 사용해서 만들었어. 그래서 식탁이나 바닥을 물로 닦는 건 절대 금물이지. 그런데 숙박료가 너무 비싸서 대부분 구경만 하고 간다고 해. 호텔의 내부를 구경할 때에도 비싼 차를 사 마셔야만 가능하대. 정말 세상에서 제일 짠 집이지?

그렇다면 우유니 소금 사막은 어떻게 만들어진 지형인지 살펴볼까?

소금 호수일까? 소금 사막일까?

우유니 소금 사막은 아주 먼 옛날에는 바다였어. 그런데 지각 변동으로 땅이 솟아오른 뒤에 미처 빠져나가지 못한 물이 고여 거대한 호수로 변했지. 호수의 물은 이후에도 산악 지형으로 둘러싸여서 빠져나갈 수가 없었어. 게다가 이곳은 연 강수량이 200밀리미터 미만이어서 매우 건조하고 낮에는 기온이 높고 추운 밤에는 영하 20도까지도 떨어지는 곳이야. 그래서 자연스럽게 물이 여러 번 증발되면서 거대한 호수는 사막으로 변하고 말았지.

우유니 소금 사막의 넓이는 1만 2천 제곱킬로미터로 우리나라의 제주도보다 여섯 배 더 넓은 크기야. 그리고 소금이 쌓인 두께는 30센티미터 정도인 곳도 있지만 120미터까지 쌓인 곳도 있지. 그래서 소금의 저장량이 무려 700억 톤이나 된대. 엄청난 양이지?

우기가 되는 12~3월 사이에는 소금 사막에도 빗물이 고여 유리처럼 맑고 투명한 호수로 변해. 그래서 우유니 소금 호수라고 부르기도 하지.

하지만 대부분의 날들이 건조하기 때문에 생명체가 많이 살지 않아. 다만 우유니 소금 사막 한가운데에 있는 잉카와시 섬에 선인장이 살고 있을 뿐이야. 섬을 지키는 호위병처럼 키가 큰 선인장들이지. 선인장의 크기는 1~3미터 정도이고 20센티미터 길이의 단단한 가시가 돋아 있어. 수명도 800~1천 년 정도로 아주 길지.

우유니 소금 사막의 건기(위)와 유우니 소금 사막의 우기(아래)

소금으로 살았던 부족

사람이 살 것 같지 않은 소금 사막에서도 아주 오래전부터 원주민인 치파야 족이 살고 있었어. 고대 잉카 제국의 후손들이라고 할 수 있지. 그들은 이곳에서 곡식을 기를 수 없었기 때문에 소금을 신이 내려 준 선물이라고 여기면서 채집하여 생활을 이어 갔어. 그리고 소금 사막에 있는 선인장을 수호신이라고 생각하며 살았어.

치파야 족은 앞을 보지 못하는 사람들이 유난히 많아. 모두 소금에 반사된 강한 햇빛 때문에 시력을 잃은 거야. 소금 사막은 눈으로 뒤덮인 산보다 더 눈부시다고 해. 그래서 이곳에 가면 시력이 손상되지 않도록 꼭 선글라스를 써야 하지.

한때 이곳에는 3만 명에 이르는 치파야 족이 살았어. 그들은 이곳에서 채취한 소금을 라마에 싣고 가파른 안데스 산맥을 넘어 칠레와 아르헨티나까지 가서 팔았지. 하지만 지금은 2천여 명 정도만 남은 작은 도시로 변했어. 예전에는 원시적인 방법으로 소금을 채취해서 귀했지만 지금은 기계로 소금을 가공하다 보니 어디서나 소금을 쉽게 구할 수 있고 소금 사막의 소금을 원하는 사람들도 줄어들었기 때문이지.

그래도 우유니의 소금 사막의 입구에는 원시적인 방법으로 소금을 가공하는 마을이 남아 있어. 집집마다 '톨라'라고 하는 나무를 때서 12시간 동안 소금을 구우면 수분이 제거되면서 맛이 좋은 고운 소금이 만들어지지. 그래서 이 마을에는 집집마다 소금이 가득 쌓여 있단다.

산 위의 바다, 티티카카 호

볼리비아는 안데스 산맥의 봉우리가 7개나 있는 고산 국가야. 국토 대부분이 지대가 아주 높지. 수도 라파즈는 해발 3,800미터에 위치해 있어서 세계에서 제일 높은 지대에 있는 수도야. 그래서 이곳을 처음 찾는 여행객들은 산소가 부족해서 호흡 곤란을 겪기도 한대.

볼리비아의 알티플라노 고원에는 우유니 소금 사막도 있지만 그보다 북쪽으로 가면 3,810미터의 고지대에 위치한 호수가 있어. 세계에서 가장 높은 곳에 있는 호수 티티카카 호야. 이곳은 세상을 창조한 비라코차 신이 살았다는 고대 잉카 제국의 전설이 내려오는 곳이지.

남쪽에는 건조한 소금 사막인데 북쪽 호수가 있다니 정말 독특한 곳이지? 북쪽은 건조한 남쪽과 달리 적도에 더 가까워서 연 강수량이 800밀리미터나 되기 때문이야.

티티카카 호는 길이가 190킬로미터, 가장 긴 곳의 폭이 80킬로미터로 엄청나게 큰 호수야. 게다가 가장 깊은 곳은 275미터나 되지. 호수의 끝이 보이지 않는다고 해서 '산 위의 바다'라는 별명도 갖고 있어.

티티카카 호에 사는 사람들은 독특한 방식으로 집을 지어. 물 위에 기둥을 박아서 그 위에 집을 짓는 방식이 아니라 티티카카 호에서 자라는 갈대인 토토라를 1~3미터 정도 쌓아 올려 인공 섬을 만드는 방식으로 짓지. 티티카카 호에는 이렇게 토토라로 만든 섬이 40여 개 정도 떠 있어.

토토라는 아랫부분을 식용으로 사용하거나 가축 사료로 사용하기도 해. 아랫부분은 사탕수수처럼 약간 달콤한 맛이 나는데 이를 깨끗하게

티티카카 호

해 주는 역할도 하지. 또 토토라를 이용해서 '바루사'라는 배를 만들기도 해. 식물이라 오래되면 썩지 않냐고? 괜찮아, 물에 잠긴 부분이 썩으면 다시 새로운 토토라를 쌓아 만들면 되거든.

세상에서 가장 큰 폭포
이구아수 폭포

악마의 목구멍

이구아수 폭포는 브라질과 아르헨티나가 만나는 지역에 있는 세계에서 가장 큰 폭포야. 그다음으로 큰 폭포는 나이아가라 폭포, 빅토리아 폭포인데 이구아수 폭포는 이 둘을 합친 것보다 더 크지.

이구아수 폭포는 이구아수 강이 서쪽으로 굽이치며 파라나 고원의 가장자리를 흐르다가 산과 산 사이의 협곡으로 흘러 들어가는 지점에 생긴 폭포야.

이구아수는 '거대한 물'이라는 뜻이야. 아주 오래전, 이곳에서 살던 원주민들이 '물'을 뜻하는 '이구'라는 말과 '크다'라는 것을 뜻하는 '아수'라는 말을 합쳐서 '이구아수'라는 말을 만들었지. 얼마나 큰지 한눈에 폭포를 다 볼 수가 없을 정도야. 그래서 브라질 쪽과 아르헨티나 쪽을 모두 가서 봐야 이구아수 폭포를 다 봤다고 할 수 있지. 둘 중에서 한 군데만 가야

이구아수 폭포

한다면 어느 쪽에서 봐야 하냐고? 굳이 한 군데를 골라야 한다면 아르헨티나를 고르면 좋을 것 같아. 이구아수 폭포는 275개의 크고 작은 폭포가 거대한 폭포 군을 이루고 있는데 그중에서 270개가 아르헨티나에 속해 있거든. 즉, 이구아수 폭포의 80퍼센트는 아르헨티나에 있는 거지.

그리고 아르헨티나 쪽에서 다리를 건너가면 '가르간타 델 디아블로(악마의 목구멍)'를 볼 수 있어. 악마의 목구멍이 있는 곳에는 이구아수 폭포 중에서 가장 낙차가 큰 유니언 폭포가 있지. 82미터 아래의 깊은 틈에서 강물을 통째로 빨아들이는 듯한 모습은 보는 사람을 오싹하게 만들어. 보기만 해도 그 폭포 속으로 빨려 들어갈 것 같은 느낌이 들거든.

이구아수 폭포의 또 다른 절경은 무지개야. 바위 절벽들에 부딪히면서 생긴 물보라가 햇빛에 반사되면서 아름다운 무지개를 만들지. 그리고 이구아수 강이 붉은 흙 지대를 흐르기 때문에 이구아수 강물은 붉은 색이지만, 폭포가 되어 일어나는 물보라는 하얀색을 띠지. 각도에 따라 전혀 다른 풍경을 보여 주는 폭포들의 다채로운 모습에 보는 사람들마다 탄성을 자아낸대. 유네스코가 선정한 세계 자연 유산다운 장엄한 풍경이야.

동식물에게 알맞은 따뜻한 기후

이구아수 폭포에서는 긴코너구리가 사람을 쫓아온다고 해서 놀랄 일이 아니야. 코가 길쭉하고 우스꽝스럽게 생긴 너구리가 관광객들에게 먹을 것을 달라며 천연덕스럽게 다가오거든. 발톱이 날카로워 무서워 보이지만 사람을 아주 잘 따른대.

이구아수 폭포에는 긴코너구리 말고도 많은 동식물이 살고 있어. 수천 종의 곤충뿐만 아니라 만새기, 만디, 카스쿠도 등의 다양한 어류와 파충

류, 큰부리새와 같은 조류, 개미핥기 등의 포유류도 살고 있어. 또, 양치류, 고무나무, 야생 야자나무 등 반낙엽성 식물에서 열대 식물에 이르기까지 많은 식물이 자라고 있지. 그 까닭은 이구아수 폭포 일대는 연평균 기온이 20도인 아열대성 기후로 다양한 생물이 살아가기에 알맞기 때문이야.

 브라질의 이구아수 국립 공원에는 이 세상에 없는 새 말고는 다 있다는 새 공원이 있어. 딱따구리, 앵무새 등을 비롯해서 수백 종의 새들이 밀림 속에서 자연 상태 그대로 살아가고 있지. 브라질의 새 공원보다는

긴코너구리

작지만 아르헨티나 쪽에도 '구이라오가'라는 이름의 새 공원이 있어. 이들 공원에서는 멸종 위기 동물을 보호하거나 야생 동물의 상처를 치료하기도 해.

이구아수 폭포의 진짜 주인은? 이구아수 폭포에는 원주민인 과라니 족이 아주 오래전부터 옥수수나 감자 농사를 짓고 고기를 잡으며 살고 있었어. 아메리카 대륙의 원주민들이 비참한 역사를 겪은 것처럼 과라니 족도 포르투갈과 스페인의 정복자들에게 희생당했지. 살아남은 과라니 족은 나라에서 만든 보호 구역에서 기존 삶의 방식을 겨우겨우 이어 나갔어. 하지만 그들의 터전은 대부분 관광지가 되었고, 자신들의 삶의 모습을 상품화하고 기념품을 만들어 파는 과라니 족도 생겨났지. 그래도 이구아수 폭포를 끼고 있는 나라 중에서 파라과이에는 공식 화폐 단위가 과라니고, 과라니어가 공용어 중 하나로 되어 있어. 과라니 족의 흔적이 아직은 남아 있는 거지.

진화론을 증명하는 땅
갈라파고스 제도

다윈의 진화론을 탄생시킨 곳

갈라파고스 제도는 남아메리카 대륙 북서쪽에 있는 에콰도르에서 서쪽으로 1천 킬로미터 떨어진 동태평양에 있어. 300만 년 전에 화산 폭발로 만들어진 섬들이지. 이처럼 여러 섬들이 무리를 이룬 곳을 제도라고 해. 갈라파고스 제도는 페르난디나 섬, 이사벨라 섬, 산티아고 섬, 산타크루즈 섬, 산크리스토발 섬 등 13개의 큰 섬, 17개의 작은 섬, 암초 43개로 이루어져 있지. 그중에서 이사벨라 섬은 갈라파고스 제도에서 가장 큰 섬으로 최근까지도 활발하게 화산이 활동하고 있는 섬이야.

갈라파고스 제도에는 이곳에만 살고 있는 동식물이 많아. 그래서 동식물을 연구하는 학자들에게는 큰 연구 대상이야. 그 시작에 찰스 다윈이라는 사람이 있어. 찰스 다윈은 '진화론'이란 이론을 만든 사람이야. 진화론은 모든 생물은 오랜 세월을 거쳐 환경에 따라 새롭게 발전하거나 변화한다는 이론이지. 이 이론을 만드는 데 갈라파고스 제도가 결정적인 역할을 했다고 해.

1835년 갈라파고스 제도를 방문한 찰스 다윈은 섬 안에 있는 다양한 야생 동물들을 보고 깜짝 놀랐어. 육지에서 1천 킬로미터나 떨어진 이곳까지 동물들이 어떻게 건너왔는지 궁금해졌지.

그중에서 핀치라는 새가 눈에 띄었어. 핀치는 우리나라의 참새와 비슷하게 생긴 새야. 찰스 다윈은 이 새가 섬마다 부리의 모양이 조금씩 다르다는 걸 발견했어. 다른 부위는 거의 비슷한데 부리만 조금씩 달랐지. 다윈은 핀치가 각 섬의 환경에 맞춰서 적응하다 보니 부리의 모양이 조금씩 변했다는 결론을 내렸어. 섬의 환경에 따라 먹이가 달라졌기 때문이었는데 나무의 곤충을 먹는 핀치는 부리가 작고, 조개를 먹는 핀치는 부리가 두껍고, 열매를 먹는 핀치는 부리가 컸지.

그 뒤로도 찰스 다윈은 갈라파고스에서 여러 동물들을 관찰하면서 이곳의 동물들은 고립된 자연환경에서 오랜 시간 동안 살다 보니 고유종_{어느 한 지역에만 있는 특정한 생물 종}이 되었다는 것을 알게 되었어. 그리고 찰스 다윈의 이론 덕분에 많은 동물학자들이 갈라파고스 제도를 새롭게 바라보게 된 거야.

거북이의 천국

'갈라파고스'는 스페인어로 '거북'이라는 뜻이야. 1535년에 스페인 주교가 이곳을 방문할 때 거대한 거북에 깊은 인상을 받았다고 하며 갈라파고스 제도라고 이름 지었지.

19세기만 해도 갈라파고스 제도는 코끼리거북의 천국이었

코끼리거북

어. 코끼리거북은 보통 200살까지 사는 장수 거북이었지. 1830년에 찰스 다윈이 알에서 갓 태어난 코끼리거북을 오스트레일리아로 보냈는데, 그 거북은 2006년까지 176년을 살다 죽었어.

그런데 뱃사람들이 코끼리거북을 함부로 잡아가는 바람에 수가 급격하게 줄어들기 시작했어. 200킬로그램이 넘는 코끼리거북은 먹이를 먹지 않아도 1년 동안 살 수 있어서, 살아 있는 냉장고라며 선원들의 식량으로 사용했기 때문이야. 게다가 섬에서 살다 간 외부 사람들이 가축을 데려와서 길렀는데, 가축들이 거북의 먹이를 먹어 버리거나 거북의 새끼와 알을 먹어 버려서 개체수가 더욱 줄어들었지. 지금은 갈라파고스에 살던 14종의 거북 중에서 3종이 멸종해 11종만 남아 있어.

바다이구아나와 갈라파고스펭귄

갈라파고스 제도는 적도 가까이에 있으면서도 바닷물의 온도가 25도 이하로 높지 않아. 강수량도 적은 편이야. 독특한 환경을 갖춘 갈라파고스 제도는 오랜 세월 동안 해류를 타고 여러 생명체들이 모여들면서 다양한 동물들의 집합소가 되었지.

갈라파고스를 대표하는 동물 중 하나는 이구아나야. 선인장의 꽃과 열매를 먹으며 사는 육지이구아나와 독특한 생김새를 자랑하는 바다이구아나가 있지. 그중에서 바다이구아나에 대해 이야기해 줄게.

몸길이가 1.5미터나 되는 바다이구아나는 무척 험상궂게 생겼어. 발에는 긴 발톱이 솟아 있고 갑옷 같은 비늘이 온몸에 덮여 있거든. 마치 작은 중생대 공룡 같은 모습이야. 해안가의 바위와 거의 비슷한 피부색을 가지고 있어서 움직이지 않고 가만히 있으면 바위랑 구분하기 힘들어.

이구아나는 본래 바닷속에 들어가는 습성이 없어. 그런데 갈라파고스의 바다이구아나는 햇빛에 몸을 데워 활동하기가 편해지면 바닷속으로 들어가서 해초를 먹는대. 하지만 잠수는 10분 정도만 할 수 있고, 10분이 지나면 체온이 떨어져 움직이기 힘들어지니까 다시 해안가로 나와 일광욕을 하지. 생긴 건 육식 동물 같은데 초식 동물이라니 동물도 겉만 보고 판단하면 안 되나 봐.

아마도 바다이구아나도 처음에는 바다에서 먹이를 구하지는 않았을 거야. 하지만 바다로 둘러싸인 갈라파고스 제도에서 살다 보니 바닷속에서 먹이를 구하는 바다이구아나로 바뀐 것이지.

우리의 상식을 깨는 동물이 또 하나 있어. 보통 펭귄하면 '남극의 신사'라고 하잖아. 그래서 펭귄은 모두 눈 덮인 남극에서만 살고 있는 걸로 아는데 그렇지 않아. 갈라파고스 제도처럼 적도에 가까운 더운 곳에서 사는 펭귄도 있지. 바로 갈라파고스펭귄이야. 갈라파고스펭귄은 키가 약 50센티미터로 세계에서 가장 작은 펭귄이야. 개체수가 매우 적어서 멸종 위기종으로 분류돼.

그 밖에도 갈라파고스에는 새들의 천국이라고 할 만큼 많은 새들이 살고 있어. 갈라파고스에서 가장 큰 새인 짧은꼬리알바트로스, 날개가 퇴화되어 날지 못하는 갈라파고스가마우지, 선인장 가시를 이용해 나무 사이에 있는 유충을 잡아먹는 방울새 등 갈라파고스에서만 볼 수 있는 새들이 많이 있지.

야생 동물과 인간의 평화로운 공존

갈라파고스 제도는 불과 400여 년 전에 발견되었지만 사람들로 인해 수백만 년을 이어 온 신비한 자연환경이 많이 파괴되었어. 처음에는 뱃사람들이 바다거북을 잡아가고 1830년에는 이곳에 감옥을 만들고 사람들이 들어와 살게 되면서 육지에서 기르던 가축들이 함께 들어와 생태계를 파괴시켰지. 또 고래잡이배들이 몰려와 갈라파고스 제도 근처의 고래들을 잡아가고, 2001년에는 유조선의 기름이 흘러나와 바다이구아나의 절반이 죽는 등 바닷가 생물들이 멸종할 뻔하기도 했어.

그래서 유네스코에서는 1978년 섬 전체를 유네스코 세계 자연 유산으로 지정해서 보호하고 있어. 하지만 지금도 매년 20만 명이나 되는 관광객들이 갈라파고스 제도를 찾으면서 조금씩 훼손되고 있어.

그래서 갈라파고스 제도를 방문할 때에는 '우리가 여러분을 대우해 주는 만큼 갈라파고스 자연을 지켜 주기 바랍니다. 동물과 적어도 2미터 이상 거리를 두고, 만지거나 먹이를 주지 않아야 하고, 돌이나 나무에 낙서하지 않고, 불을 피우지 않고, 흙 한 톨조차 옮기지 않아야 합니다. 이 사항을 지키지 않을 시에는 추방하겠습니다'라는 서약서에 서명을 해야 들어갈 수 있어.

그래서일까? 갈라파고스 제도에서는 이구아나나 바다사자에게 가까이 가도 동물들이 놀라지 않아. 심지어 펠리컨은 사람을 졸졸 따라다니기도 해. 사람들이 자기를 해치지 않는다는 것을 알기에 인간에 대한 두려움이 없어져서 그런 거야. 이렇듯 갈라파고스에서는 야생 동물과 인간이 평화스러운 공존을 이루고 있어. 이런 공존이 전 세계로 퍼져 나가면 참 좋을 것 같아.

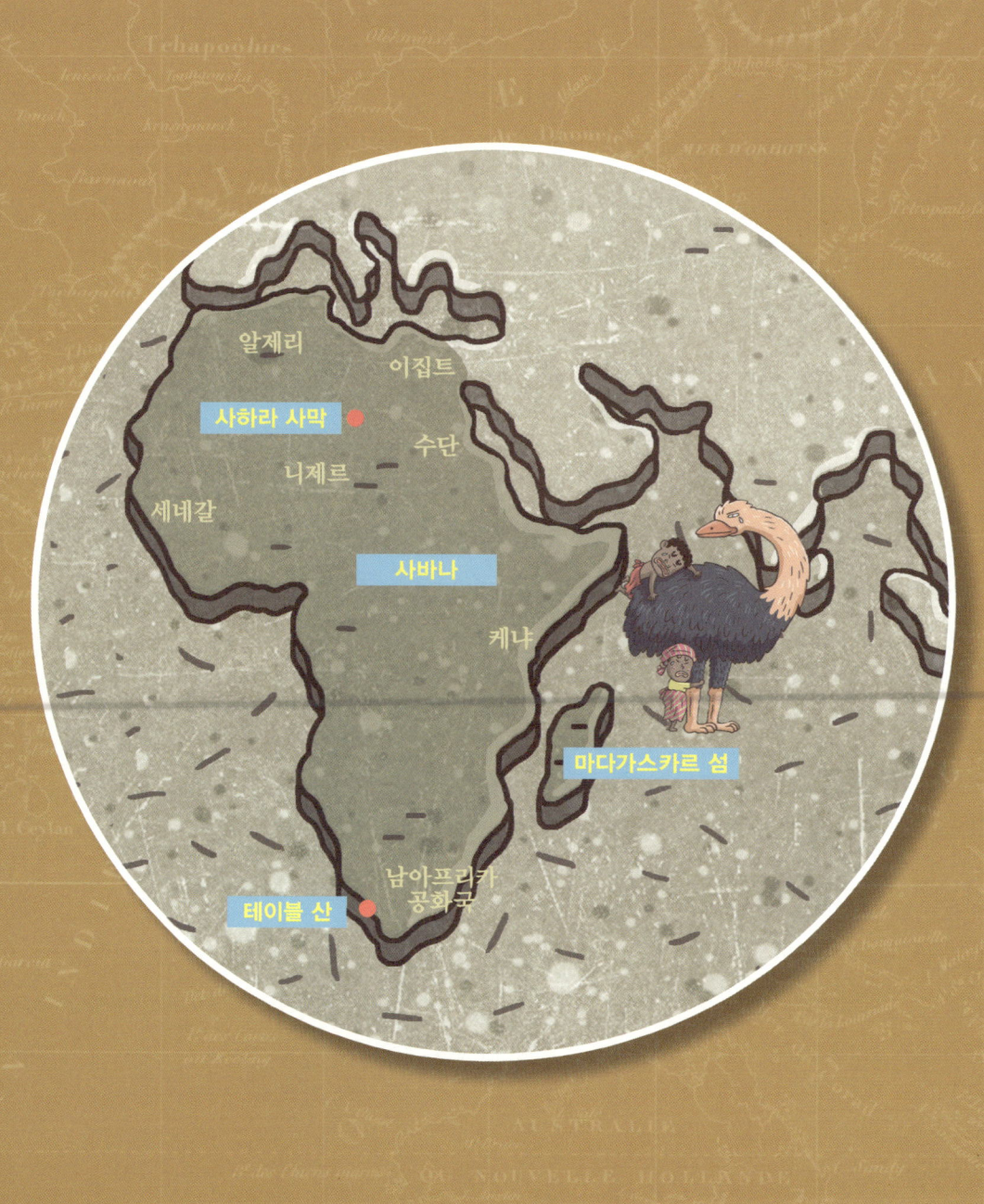

5장
아프리카

아프리카는 적도가 대륙의 한가운데를 지나고 있어서
대부분 열대와 아열대 기후에 속해 있어.
지중해, 인도양, 대서양으로 둘러싸여 있으면서 해안선이 단조로운 게 특징이지.
개발이 되지 않은 곳이 많아서 자연 그대로의 모습이
가장 많이 남아 있는 대륙이야.
그리고 수많은 부족의 문화가 이어져 와서 종교와 문화,
언어가 매우 다양하지.
신비로운 원시 문화와 자연이 남아 있는
아프리카로 탐험을 떠나 보자!

드넓은 동물의 왕국
사바나

끝없이 펼쳐진 초원

진짜 동물의 왕은 사자일까 호랑이일까? 두 동물은 사는 곳이 다르고 습성도 달라서 야생에서는 싸울 일이 없지만 아프리카 초원 사바나에서만큼은 사자가 동물의 왕이라는 건 틀림없지.

사바나는 아프리카처럼 열대와 아열대 기후인 지방에서 볼 수 있는 초원이야. 나무는 거의 없고 풀로 가득 차 있어서 탁 트인 지형이지. 하지만 초원이라고 모두 사바나라고 부르는 건 아니고 온대 기후의 초원은 프레리, 건조 기후의 초원은 스텝이라고 해. 모두 이름이 제각각인 건 지형과 기후가 조금씩 다르기 때문이야.

아프리카의 사바나는 무척 넓어. 아프리카 서쪽에 위치한 나라 세네갈에서 동쪽에 있는 케냐에 이르기까지 아프리카의 많은 부분을 차지하고 있지. 사바나에서는 풀과 작은 나무, 돌밖에 없어서 길을 잃기 쉬워. 차

　를 타고 며칠을 달려도 사방에 모두 풀밖에 없으니까 자꾸 제자리를 맴도는 기분이 들거든.

　아프리카 사바나의 특징은 건기와 우기가 확실하다는 거야. 건기일 때에는 풀이 바싹 말라 있어서 사바나에 불이 나기 쉬워. 강물이 메마를 정도로 비가 오지 않는 시기라서 일단 불이 나면 초원을 거의 다 태워 버려. 그렇지만 불 속에서도 식물의 뿌리는 살아남아서 다시 생명이 싹 트지.

　반면 우기에는 한꺼번에 비가 많이 오기 때문에 순식간에 강물이 넘치

아프리카 사바나

고 죽은 것처럼 보였던 땅에서 풀이 쑥쑥 자라. 사바나의 끈질긴 생명력이 발휘되는 순간이야.

풀과 동물이 풍성한 초원

아프리카 사바나의 풀은 크면 4.5미터까지 자라기도 하지만 대부분이 30센티미터 정도야. 사바나에 나무의 종류가 많지 않은 이유는 건기마다 불이 자주 나서 나무가 자랄 틈이 없어. 살아남으려면 불을 이겨 낼 수 있어야 하는데 그런 나무는 흔하지 않잖아. 그래서 거대한 줄기에 물을 저장하는 바오밥나무 등 독특한 방식으로 생존 방법을 찾은 나무만 주로 살아남았어. 이를 테면 유칼립투스는 불을 이겨 낼 수 있는 강한 싹이 껍질 안에 있어. 그래서 불이 꺼지고 나면 바로 싹을 틔우기 시작하지.

이렇게 아프리카에는 풀이 많다 보니까 그 풀을 먹은 초식 동물도 많고, 초식 동물을 먹이로 삼는 육식 동물도 많지. 그래서 다들 아프리카를 동물의 왕국이라고 부르나 봐.

특히 아프리카 사바나에는 대형 초식 동물이 많이 살고 있어. 아프리카코끼리, 흰코뿔소, 일런드영양, 사바나얼룩말, 검은꼬리누, 톰슨가젤, 기린, 타조 등 대형 초식 동물이 40여 종이나 살고 있지. 이런 대형 초식 동물들은 새로운 풀숲이나 물을 찾아 무리 지어 이동하는 습성이 있어. 그래서 건기에는 동물들이 엄청난 먼지 구름을 일으키며 풀이 있는 곳으로 대이동을 하지.

초원에는 큰 동물만 있는 게 아니야. 작은 곤충들도 있지. 사바나의 수풀 사이에서는 높이 솟아오른 흙무더기를 흔히 볼 수 있는데, 이건 흰개미의 집이야. 흰개미가 흙을 입에 넣고 씹다가 뱉어서 집을 지어 놓은 거지. 냄새가 엄청나겠지? 그래서 흰개미 집에는 냄새를 없애고 온도와 습도를 조절하기 위해 곳곳에 구멍이 숭숭 뚫려 있어.

초원의 무법자 메뚜기 사바나의 날아다니는 메뚜기는 초원이나 밭작물에 많은 피해를 입히고 있어. 식물이면 무엇이든 먹어 치우기 때문이야. 물론 메뚜기 한 마리는 작은 곤충이지만 떼를 지어 다니기 때문에 위력이 어마어마해. 그래서 약 1천 제곱킬로미터의 면적을 덮으면 1,200만 명이 2주 동안 먹을 양이 하루아침에 사라진다고 해.

자연 속에서 살아가는 부족들

인류의 진화가 시작된 곳이 어디인지 아니? 바로 아프리카야. 동부 아프리카에 처음 등장했던 인류의 조상은 원래 다른 유인원처럼 어두운 열대 우림에서 살았어. 그런데 1,500만 년 전에는 아프리카의 많은 삼림 지대가 사바나 초원 지대로 변하는 바람에 인류의 조상들은 숲에서 초원인 사바나로 이주하게 됐어. 그리고 스스로를 보호하고 살아남기 위해서 과거 200~300만 년 동안 진화해 왔지.

그렇다면 아프리카 대륙에서 계속 살아온 인류는 지금 어떤 모습일까? 이곳의 원주민들은 조상들의 생활 방식을 이어 오며 살아가고 있어. 그래서 소나 양 떼를 데리고 초원의 풀을 찾아 이동하며 생활하고 있지. 원주

민들은 자식에게 가축의 젖을 짜는 법, 버터를 만드는 법, 가축을 기르는 법, 사냥하는 법, 집을 짓는 법 등을 가르치는 걸 가장 중요하게 생각한대.

이곳의 대표적인 원주민은 마사이 족이야. 동부 아프리카 중앙 사바나에 사는 마사이 족은 평균 키가 173센티미터로 지구상에서 가장 큰 종족이라고 해. 마사이 족의 남자들은 붉은 망토를 두르고 소와 양 떼를 몰고 다니며 가축을 도맡아 기르지. 여자들은 물을 긷고 소똥과 진흙으로 집을 짓는 일을 해. 마사이 족은 발달된 현대 문명에 대해 부정적인 생각을 가지고 있어서 지금도 문명을 거부하고 조상 대대로 내려오는 긍지와 전통을 이어 가며 살아가고 있지.

한편, 세계에서 가장 키가 작은 피그미 족도 아프리카 사바나에 살고 있어. 남자 어른의 평균 키가 145센티미터 정도로 작은 편이지. 하지만 피그미 족은 민첩하고 용감한 사냥꾼들이야. 이들도 한곳에 정착하지 않고 식량이나 물을 찾아 이동 생활을 하고 있어. 피그미 족은 마사이 족과 다르게 자연에서 얻은 나뭇가지를 돔 모양으로 엮어 집을 만들어. 이동할 때는 살던 집을 그냥 버리고 새로운 곳에 가서 새로운 집을 지으며 살고 있지.

이렇게 전통 방식을 고집하는 부족도 있지만 요즘은 문명 세계와 접촉하며 농사를 짓기 시작하면서 정착 생활을 하는 원주민들이 점점 늘어나고 있다고 해.

아프리카의 척박한 땅
사하라 사막

어린왕자의 사막여우

생텍쥐페리의 소설 《어린왕자》를 읽어 본 적 있니? 《어린왕자》에는 어린왕자가 사막여우와 만나는 장면이 있어. 사막여우는 어린왕자에게 "난 너와 놀 수 없어. 난 길들여지지 않았단 말이야."라고 말하지. 이 이야기를 아는 친구들이라면 사막여우에 대해 궁금해할 거야. 사막여우는 아프리카와 중동 지역의 사막에서 사는 여우야. 몸길이가 40센티미터 정도이고 다 자랐을 때의 몸무게가 1.5킬로그램 정도밖에 되지 않는 세계에서 가장 작은 여우지. 그 작은 몸집에 귀는 15센티미터나 된다니, 몸에 비해 귀가 무척 크지? 사막여우는 귀가 커서인지 소리를 아주 잘 들을 수 있지.

사막여우의 귀가 커진 까닭은 사막에서 뜨거워진 몸의 열을 내보내서 몸의 체온을 알맞게 유지하기 위해서야. 털 색깔은 모래 색깔과 비슷해서 보호색 역할을 해. 그리고 발바닥까지 털이 나 있어서 뜨거운 모래 위를 자유롭게 걸어 다닐 수 있고 발을 삽처럼 사용하여 땅속에 굴을 파서 생활하지. 또 사막에 사는 다른 생물들처럼 오랜 기간 동안 물을 마시지 않아도 살 수 있어. 그렇다면 사막여우가 사는 사막이란 어떤 곳일까?

점점 커지는 열대 사막

우리나라는 가을이 되면 맑고 푸른 하늘을 보면서 1년 내내 날씨가 이렇게 맑았으면 좋겠다고 생각하곤 하지. 하지만 하늘이 정말로 1년 내내 푸르기만 하면 사람이 살 수 없는 지형으로 변해 버려. 아열대 고기압이 자리잡은 채로 비가 내리지 않으면 땅이 사막으로 변해 버리거든.

사막이란 낮과 밤의 온도차가 30도가 넘고 1년 동안 비가 250밀리미터 이하로 내리는 곳이야. 햇볕도 강하게 내리쬐어 풀과 나무가 자라기 힘들지. 그래서 온통 모래, 자갈, 암석뿐인 곳이 많아. 사막은 보통 위도 30도 이내에 많이 있고 전 세계 육지의 10분의 1을 차지하고 있어. 그중에서 사하라 사막이 가장 큰 열대 사막이지.

'사하라'라는 이름은 아랍어로 '갈색의 텅 빈 곳'이라는 뜻의 '사흐라'에서 유래되었어. 사막이라고 하면 보통 모래로 덮여 있는 곳을 상상하는데 사하라 사막은 모래사막이 20퍼센트에 불과해. 나머지는 암석, 자갈로 이루어져 있지.

그런데 사하라 사막도 5천여 년 전에는 사자와 기린이 사는 푸른 땅이 있었고 하마와 악어가 헤엄쳐 다니던 강과 호수가 있었대. 사하라 사막에 그려진 선사 시대 암벽화를 통해 알 수 있지. 이런 녹색 땅도 3천여 년 전부터 아열대 고기압이 움직이지 않고 머무르면서 오랫동안 비를 뿌리지 않아 사막이 된 거야.

게다가 사막화가 멈춘 게 아니야. 사하라 사막 남쪽의 '사헬 지역'에는 오랫동안 가뭄이 계속되고 지나치게 나무를 베는 등 지금도 해마다 제주도의 10배 정도가 되는 면적인 약 2만 제곱킬로미터씩 넓어지고 있지.

변화무쌍한 사막에서 살아가기

사하라 사막의 연평균 기온은 27도 정도야. 하지만 낮과 밤의 기온차가 매우 심해. 사하라 사막 서부에서는 하루 동안 온도 차이가 45도를 넘는 경우도 있다고 해. 밤이 되면 갑자기 추워져서 영하 15도까지 내려가기도 하지. 준비 없이 갔다가는 사막에서 얼어 죽을 수도 있겠지? 낮에는 반팔을 입어도 너무 더운데 밤에는 두꺼운 패딩 점퍼를 입어도 추운 거야. 정말 종잡을 수 없는 날씨지.

놀랍게도 이런 곳에서 마라톤 경기도 열려. 사하라 사막 마라톤은 사막 250킬로미터를 일주일 동안 가야 하는 대회야. 하루 평균 40킬로미터의 거리를 달려야 하지. 7일 동안 걷든 뛰든 반칙만 하지 않는다면 수단을 가리지 않고 지정된 곳에 도착하면 돼. 힘들지만 참가하는 사람에게는 우리나라 돈으로 약 3천만 원을 주기 때문에 사막 마라톤에 도전하는 사람들이 무척 많아.

물론 이렇게 극한의 환경에서도 약 200만 명에 이르는 사람들이 살고 있어. 북부에는 베르베르 족, 서부에는 무어 족, 중남부 지역에는 투아레그 족, 남부 지역에는 테다 족 등이 있지.

그중에서 투아레그 족은 식물이 드문드문 자라는 곳에서 낙타, 염소, 양을 키우며 살아간대. 특히 낙타는 사막을 이동할 때 꼭 있어야 할 동물이어서 유목민들이 가장 아끼는 동물이야. 물과 먹이를 먹지 않아도 혹에 저장되어 있는 지방 덕분에 잘 버티고, 사막에서 이동하기에 아주 좋은 신체 조건을 가지고 있기 때문이야. 그래서 유목민들은 낙타를 타고 천막과 살림살이를 가지고 물과 풀을 찾아 이동하면서 살아. 하지만 유목민들이 데리고 다니는 가축들이 풀을 다 먹어 치워서 그들이 떠난 자리는 사막으로 변해 버리곤 해.

사막은 태양 에너지가 풍부하고 물과 공기가 잘 통하는 흙으로 이루어져 있어서 물만 있으면 사람이 살기 좋은 곳이 될 수도 있어. 그래서 오아시스 지역에는 사람들이 마을을 이루고 대추야자, 밀, 보리, 기장, 과일,

채소 등을 재배하고 있지. 오아시스는 비가 많이 온 뒤에 자연적으로 물이 고여 생기기도 하지만 사람들이 터널을 파고 지하수를 끌어와서 만들기도 해.

사막에서 살려면 위험한 동물들도 조심해야 해. 사막에 사는 동물들은 뜨거운 낮에는 땅속이나 그늘에서 잠을 자고 시원한 밤에 움직이는 야행성이 많아. 그중에서 전갈, 뱀, 타란툴라처럼 위험한 동물도 있어. 전갈은 꼬리에 독침이 있어서 매우 위험해. 뱀은 말할 것도 없고 타란툴라와 같은 독거미에 물려도 마찬가지야.

그렇다고 사막에 무서운 동물만 있는 것은 아니야. 얼굴에 X자 모양의 흰 무늬가 있고 나선형 뿔이 1미터까지 자라는 나사뿔영양, 모래바람이 심하게 불면 긴 털에 머리를 파묻고 웅크려서 자신을 보호하는 바바리양, 환상의 동물 유니콘을 닮은 다마가젤 등도 있지.

마법의 돌을 찾아 나서는 여행 투아레그 족은 10대 아이들을 가르칠 때 현명한 어른들과 함께 모래 폭풍이 몰아치는 사막으로 마법의 돌을 찾는 여행을 보낸다고 해. 그리고 함께 간 어른들에게 위험을 피하고 두려움을 떨치는 용기를 배우지. 그들은 수개월 만에 사막 가운데 도착하지만 그곳에는 마법의 돌은 없고 거친 돌만 가득해. 함께 간 어른들은 여행하면서 배운 것이 바로 마법의 돌이고 그것이 자신과 가족을 지킬 마법의 힘이 될 거라고 말해 준대. 경험으로 배우는 생생한 공부라고 할 수 있지.

생태계의 보물 창고
마다가스카르 섬

거꾸로 박힌 나무, 바오밥나무

바오밥나무는 높이 30미터, 너비 10미터 정도까지 자라는 세계에서 가장 큰 나무 중 하나야. 사막과 같은 건조한 환경에서 살아남기 위해 몸통에 물을 저장하고 있어서 기둥이 볼록하고 통통한 모습을 하고 있지.

바오밥나무에 얽힌 전설에 따르면 바오밥나무는 신이 세상을 창조할 때 가장 먼저 만든 나무였다고 해. 그런데 신의 노여움을 받아 땅에서 뽑혀 거꾸로 박혔지. 그래서 바오밥나무의 나뭇가지가 뿌리 모양처럼 생긴 거래.

전 세계에는 8종의 바오밥나무가 있는데, 6종은 마다가스카르에서만 볼 수 있고, 1종은 아프리카에, 다른 1종은 오스트레일리아에 있지. 바오밥나무는 주변의 물을 다 흡수하는 성질이 있어서 무리 지어 자라기가 쉽지 않아. 그런데 마다가스카르에 있는 바오밥 거리는 바오밥나무가 함께

바오밥나무

그랑칭기

모여 있는 유일한 곳이지.

바오밥나무의 수명은 아직 확실하게 밝혀지지 않았지만 적어도 수천 년은 될 거라고 해. 그렇게 오래 살 수 있는 까닭은 이곳 사람들이 바오밥나무를 신성하게 여겨서 절대로 베지 않기 때문이야. 아마도 비가 오지 않는 건기마다 1만 리터 이상의 물을 머금고 있는 바오밥나무가 사람들에게 물을 공급해 주는 우물 역할을 하기 때문인 것 같아.

그렇다면 바오밥나무가 모여 사는 마다가스카르는 어떤 곳일까?

마다가스카르는 아프리카 대륙 남동쪽 인도양에 있는 열대 지역 섬나라야. 넓이가 약 58만 7천 제곱킬로미터로 세계에서 네 번째로 큰 섬이지.

마다가스카르는 아프리카 대륙과 인도가 갈라지면서 생긴 섬이야. 거대한 대륙으로부터 떨어져 나오면서 생긴 약 1,500킬로미터의 산맥이 섬 전체로 뻗어 있지. 그래서 마다가스카르 동해안에는 가파른 절벽이 있는 해안 평야 지대가 있고, 중앙에는 800~1,400미터 높이의 고원 지대, 서해안에는 넓은 평야 지대가 있어. 1990년 유네스코에서 세계 자연 유산으로 지정될 만큼 훌륭한 자연 풍경을 가지고 있지.

뾰족한 까치발을 닮은 바위들

마다가스카르 서부 베하마라의 칭기 국립 공원은 마다가스카르에서 가장 멋진 경관을 볼 수 있는 곳이야. 이곳에는 수만 년에 걸쳐 자연에 의해 조각된 석회암이 가득하거든. 뾰족한 탑처럼 솟아 있는 이 석회암은 원주민어로 '뾰족한', '까치발', '발끝으로 걷다'라는 뜻인 '칭기'라는 이름으로 불리고 있어.

이곳은 오랜 세월 동안 석회질의 바위가 비바람에 깎여 나간 '카르스트' 지형이야. 작은 칭기는 봉우리가 작아 그 사이로 다닐 수 있지만 70미터 이상의 큰 칭기(그랑칭기)는 암벽 등반 장비를 갖추고 현지 가이드의 도움을 받아야만 오를 수 있지.

독특한 생물들의 집합소

마다가스카르의 동식물들은 섬 안에 완전히 고립되어 점차 희귀하고 독특한 생물들로 진화해 나갔어. 그래서 이 섬의 생물 중 약 80퍼센트는 지구상 다른 어느 곳에서도 볼 수 없는 희귀종이 되었지.

마다가스카르에서 가장 많이 알려진 동물은 여우원숭이야. 모두 80여 종으로 야행성이며 쥐만한 크기부터 아이만한 크기까지 다양하지. 그리고 텐렉은 고슴도치처럼 생긴 포유류 동물이야. 텐렉은 새끼를 가장 많이 낳는 포유류로 보통 12~16마리의 새끼를 낳을 수 있어. 또 주변 환경에 맞춰 몸 색깔을 바꾸는 카멜레온은 주로 아프리카 사하라 사막 남쪽과 마다가스카르에서 볼 수 있는데 전 세계 카멜레온의 3분의 2가 마다가스카르에 살고 있지.

하지만 아쉽게도 멸종된 동물들도 많아. 그중에서 코끼리새로 잘 알려진 에피오르니스는 마다가스카르에 살았던 가장 크고 무거운 새야. 크기가 3미터가 넘고 몸무게가 500킬로그램이나 되니까 소랑 비슷하네. 무게만 봐도 왜 날지 못했는지 알 것 같아. 에피오르니스의 알도 지름이 30센티미터로 달걀의 200배나 되는 크기였다니 놀랍지?

아름다운 풍경 뒤에서 사는 어려운 삶

마다가스카르 섬은 기후가 좋아 1년에 벼를 두 번 수확하는 2모작 또는 세 번 수확하는 3모작을 할 수 있어. 그래서 이곳에서는 쌀농사를 많이 하고 쌀을 주식으로 삼지. 하지만 농사를 방해하는 것들도 있어. 인도양 남서부에서 태풍이 찾아와 주기적으로 폭우와 홍수가 일어나고 메뚜기 떼의 습격으로 작물이 하루아침에 사라지기도 해.

마다가스카르에는 18~20개의 부족이 각각 독자적인 풍속과 습관, 방언을 갖고 있어. 그 가운데 이살로 국립 공원에 사는 바라 족은 독특한 장례 문화를 가지고 있지. 바라 족은 사람이 죽으면 먼저 보자기로 싸서 나무 사이나 동굴에 넣어. 그리고 시신이 부패해서 백골만 남으면 꺼내서 무덤을 옮겨야 장례가 끝난대. 바라 족에게는 죽음이 끝이 아니라 새로운 희망의 시작이라고 믿기 때문이라고 해.

마다가스카르는 커피의 생산지로도 유명해. 그래서 거리에서 우리나라 돈 50원 정도만 내면 맛있는 커피 한 잔을 마실 수 있지. 그리고 마다가스카르는 전 세계 바닐라 생산의 60퍼센트를 차지하고 있어. 그래서 매년 1,200~1,500톤의 바닐라를 수출해. 하지만 바닐라 생산을 위해 마다가스카르의 청소년 2만여 명이 학교에 다니지도 못하고 노동을 하고 있다고 해. 바닐라를 먹을 때 한 번쯤은 어려운 처지의 아이들에 대해 생각해 보는 건 어떨까?

평평한 산꼭대기
테이블 산

넬슨 만델라와 로벤 섬

남아프리카 공화국의 첫 흑인 대통령이었던 넬슨 만델라는 남아프리카 공화국에서 백인과 흑인을 분리하는 아파르트헤이트_{인종 격리 정책}에 반대하는 운동을 하다가 1962년 체포되었어. 그리고 로벤 섬 교도소에서 27년간 옥살이를 했지.

넬슨 만델라가 갇혀 있던 로벤 섬은 남아프리카 공화국의 수도인 케이프타운에서 12킬로미터 떨어진 섬이야. 길이 4.5킬로미터, 너비 1.5킬로미터의 직사각형의 돌섬인데 17세기 말부터 섬의 대부분이 감옥으로 사용되었어. 섬 주변 해류가 굉장히 강해서 죄수가 탈출하기 어려운 곳이었거든.

하지만 지금의 로벤 섬 교도소는 저항의 상징이 되었고 만델라가 갇혀 있던 감옥 건물은 '자유의 기념관'으로 바뀌었어. 그리고 1999년에는 유네스코 세계 문화 유산으로 지정되었지.

로벤 섬 감옥

꼭대기가 평평한 테이블 산

테이블 산은 남아프리카 공화국의 수도인 항구 도시 케이프타운에 위치하고 있어. 케이프타운의 상징이자 세계 7대 자연 경관으로 선정된 테이블 산은 양쪽이 매우 가파른 절벽이고 가운데는 좌우 길이가 3킬로미터에 이르는 평평한 고원이야.

테이블 산은 약 17억 년 전 바다 밑에서 작은 모래알들이 엉키고 달라붙어 만들어진 사암으로 세계에서 가장 오래된 지층 가운데 하나야. 바다 밑에 있던 지층이 바다에서 솟아오른 뒤 지진 등 강한 힘에 의해 수직으로 갈라졌지. 그리고 수직 절벽 주위에 있던 지층은 오랜 세월 동안 비바람에 의한 침식 작용으로 무너져 내리면서 지금의 테이블 모양의 지형이 만들어졌어.

테이블 산과 비슷한 지형은 남아메리카의 베네수엘라에서도 볼 수 있어. 약 1억 5천 만 년 전에는 남아메리카 대륙과 아프리카 대륙이 서로 붙어 있었거든. 그래서 두 지역에서 비슷한 모습의 테이블 산을 볼 수 있는 거야.

테이블 산에서 바라보는 풍경

테이블 산은 정상에서 바라보는 아름다운 풍경 때문에 유명해졌어. 1503년 안토니오 데살다냐가 최초로 테이블 산에 올랐고, 그 뒤로도 많은 사람들이 산에 올라 지금은 정상까지 가는 등산로만 500가지가 넘어. 1929년에 정상까지 오르는 케이블카가 만들어진 뒤에는 더 많은 사람들이 테이블 산을 갖고 있지. 케이블카는 360도 회전하면서 올라가기 때문에 환상적인 풍경을 가만히 앉아서 모두 감상할 수 있어.

테이블 산의 꼭대기는 연간 강우량이 1,500밀리미터로 비옥한 고원이 형성되어 있어서 식물이 아주 잘 자라. 테이블 산의 가장 높은 지점은 동쪽 끝에 있는 해발 1,086미터의 매클리어 봉이야. 이 이름은 1865년 토머스 매클리어가 이 봉우리 북동쪽 기슭에 삼각뿔 모양의 돌무지를 쌓은 데서 유래되었지.

테이블 산 정상에는 난, 데이지, 실버트리를 비롯한 여러 가지 야생화와 3천 종 이상의 식물들이 자라고 있어. 그리고 바우너구리, 케이프망구스, 사향고양이 등과 같은 야생 동물도 살고 있지. 그래서 테이블 산은 산 전체가 국립 공원으로 지정되어 있어.

북극해
러시아
알래스카
캐나다
파푸아뉴기니
그레이트배리어리프
오스트레일리아
울루루
뉴질랜드
남극
램버트 빙하

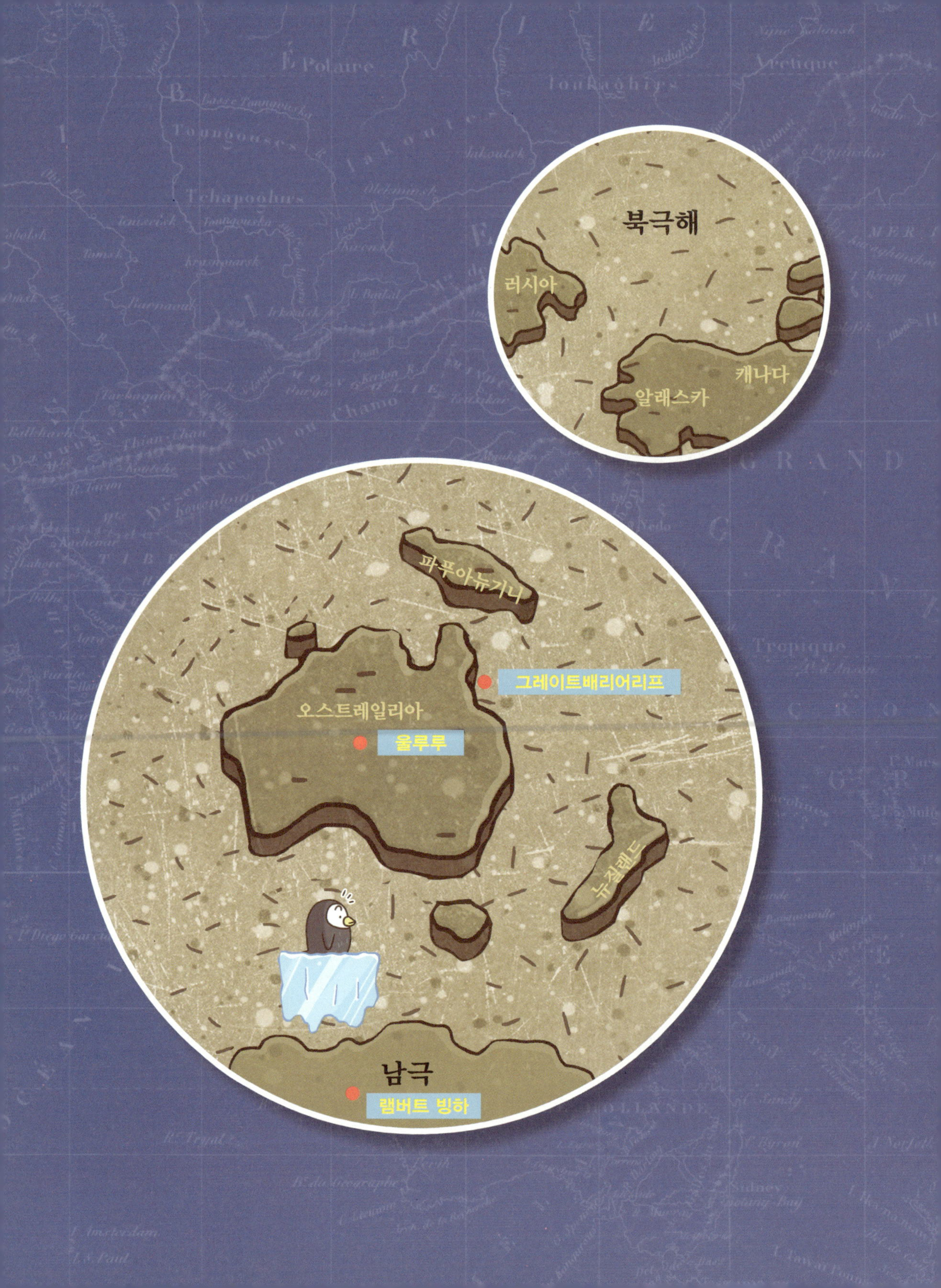

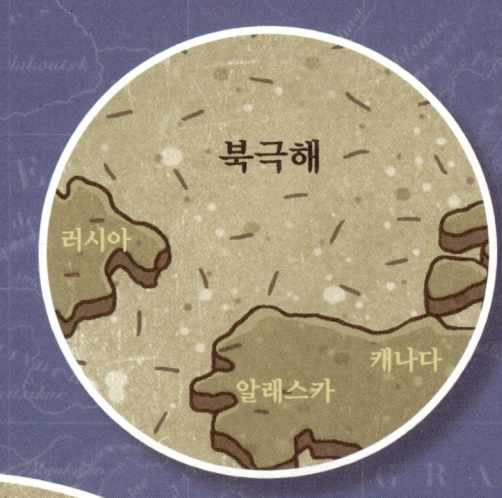

6장
오세아니아와 극지방

오세아니아는 오스트레일리아를 비롯해서 1만여 개의 섬으로 이루어진 곳이야.
사람의 손이 많이 닿지 않은 자연 그대로의 모습이 많이 남아 있고
다른 대륙에서는 볼 수 없는 동식물이 많이 살고 있어.
북극과 남극은 지구의 양 끝에 자리하고 있어.
북극은 바다 위에 떠 있는 얼음덩어리기 때문에 대륙이라고 하지 않지만
남극은 두꺼운 얼음 아래 육지가 포함되어 있어 대륙에 속하지.
독특한 생태계를 갖춘
오세아니아와 극지방으로 떠나 보자!

신비한 색을 뽐내는 바위
울루루

세상에서 가장 큰 바위

오스트레일리아 사막 지대에 가면 세상에서 가장 큰 바위가 있어. 높이 330미터, 둘레 8.8킬로미터 정도로 거대한 바위지. 바위 둘레를 한 바퀴 도는 데만 2시간이 훌쩍 넘을 정도라고 해. 사람들은 그 바위를 '울루루' 또는 '에어즈락'이라고 불러.

'울루루'는 그 지역에 살던 원주민의 말로 '그늘이 지는 장소'라는 뜻이야. '에어즈락'은 1872년에 탐험가 어니스트 길드가 이 바위를 발견하고 오스트레일리아의 총독이었던 헨리 에어즈의 이름을 따서 붙인 이름이지. 울루루는 오스트레일리아의 한가운데 있기 때문에 '오스트레일리아의 배꼽' 또는 '오스트레일리아의 붉은 심장'이라는 별명을 가지고 있어.

울루루

붉은 옷을 입은 바위

　울루루처럼 큰 바위는 어떻게 만들어진 걸까? 울루루는 약 9억 년 전에 만들어졌다고 해. 먼 옛날 이 지역의 땅이 주저앉으면서 그 위로 바닷물이 오가며 모래와 돌이 층층이 쌓여 거대한 바위가 만들어진 거야. 그러다 3~4억 년 전, 이 지역은 커다란 지각 변동이 일어나면서 다시 바다

위로 솟아올랐어. 그리고 솟아나온 부분에서 약한 부분은 비바람에 깎이고 단단한 부분만 남았지. 이것이 울루루야. 울루루는 눈에 보이는 게 전부가 아니야. 우리 눈에 보이는 부분은 3분의 1뿐이고 나머지는 땅속에 숨겨져 있다고 해.

울루루는 신비하게도 하루 동안 여러 가지 색으로 바뀌지. 원래 색깔은 보통의 암석처럼 회색이야. 그런데 암석 속에 들어 있는 철 성분 때문에 붉어진 거지. 철 성분은 공기와 만나면 붉게 변하거든. 오래된 못이 붉게 녹스는 것과 같은 이치야. 해가 떠오르면서 울루루의 색은 더욱 붉어지지. 그리고 해가 질 때는 석양빛과 그림자가 어우러져서 오묘한 검붉은 색으로 바뀌어.

울루루에 가까이 가면 칼로 베어 낸 듯 세로로 홈이 나 있어. 이따금 큰 비가 내리면 이 홈은 거대한 폭포로 변하지. 그리고 울루루 곳곳에 동굴이 있는데 원주민들이 매우 신성하게 여기는 곳이야. 그곳에는 원주민들의 설화와 동식물의 모습을 그린 그림 벽화가 남아 있지.

올라가야 할까? 말아야 할까?

많은 사람들이 신비로운 울루루 모습을 보면서 꼭대기에 올라가고 싶어 하지만, 원주민들이 울루루의 공식적인 소유권을 갖고 있어서 쉽지 않아. 원주민들은 울루루는 신성한 곳이어서 주술사만 오르는 것을 허락하고, 관광객이 오르는 것은 환경을 파괴한다면서 반대하고 있어.

하지만 오스트레일리아 정부는 전 세계에서 온 관광객들이 울루루를 오르지 못하는 것은 안타까운 일이라며 이를 허용해야 한다고 주장하고 있어. 간혹 가이드들이 울루루에 잠깐씩 올라갈 수 있게 해 주는 경우도 있어. 하지만 울루루 정상에서 관광객들이 곳곳에 소변을 보는 사람이 있어서 울루루의 맑은 웅덩이에서 살던 희귀한 새우가 점점 사라진다니 고민할 일이 아닌가 싶어.

　울루루의 서쪽으로 32킬로미터 떨어진 곳에는 카타추타라는 바위들이 있어. 카타추타도 울루루처럼 지각 변동과 침식에 의해 만들어진 암석이야. 원주민들의 언어로 '많은 머리'라는 뜻을 가진 이름처럼 카타추타는 36개의 바위로 이루어져 있어. 가장 높은 봉우리인 올가 산은 546미터로 울루루보다 약 200미터 정도 더 높아. 카타추타 역시 원주민들이 신성하게 여기는 곳이지.

카타추타도 울루루와 마찬가지로 해가 뜨고 질 때면 멋진 풍경을 연출해. 그래서 1994년에는 유네스코의 세계 유산 목록 중 복합 유산으로 등록되었고, 이보다 한참 전인 1987년에는 울루루가 유네스코에 의해 생물권 보호구로 지정되었어.

지금도 울루루와 카타추타를 올라가야 할지 말아야 할지는 논란이 많아. 그리고 정부는 어정쩡한 입장을 취하면서 여전히 관광객들의 선택에 맡기고 있어. 너희들이라면 어떻게 할 것 같니?

산호가 만든 아름다운 지형
그레이트배리어리프

산호초가 줄지어 장벽을 이루는 곳

산호는 입 부분에 있는 수많은 촉수를 이용해 플랑크톤 같은 아주 작은 미생물을 잡아먹고 살아가는 동물이야. 수백만 개의 산호가 오랜 세월 동안 성장하면서 내보낸 분비물이 쌓이고 쌓이면 산호초가 되지. 산호는 죽어도 없어지지 않고 그 자리에서 딱딱하게 굳는대. 그러면 그 자리에 다른 산호가 붙어서 살게 돼.

산호는 평균 온도가 21도 이하로 떨어지면 생존할 수 없기 때문에 따뜻한 바다에서만 볼 수 있지. 그리고 햇빛이 많이 비치는 곳에서만 살아서 사계절 날씨가 좋아야 해. 때문에 지구상에서 산호초를 볼 수 있는 곳이 그리 많지 않단다.

육지에서 떨어져 해안선을 따라 길게 발달한 고리 모양의 산호초를 '배리어리프'라고 해. 배리어리프를 한자어로는 보초(堡礁)라고도 하지. 배리

그레이트배리어리프

어리프 지역에는 아름다운 산호초와 함께 다양한 해양 동식물이 많이 살고 있어. 그만큼 깨끗한 곳이라는 뜻이기도 해.

　오스트레일리아의 북동부 퀸즐랜드 해안에서 16~160킬로미터 떨어진 곳에 2천 킬로미터 이상의 그레이트배리어리프가 있어. 그레이트배리어리프는 글자 그대로 거대한 산호초 장벽이라고 할 수 있겠지?

우주에서도 보이는 생명체라고?

지구가 얼어붙은 빙하기에는 거의 모든 산호들이 멸종했었어. 하지만 약 8천 년 전 빙하기가 끝난 뒤에 다시 살아나기 시작했지. 그때 산호가 가장 많이 자란 곳이 바로 오스트레일리아의 그레이트배리어리프야.

3천여 개의 산호초와 600여 개의 섬들로 이루어진 그레이트배리어리프는 길이는 2천 킬로미터가 넘고 너비도 500~2천 미터나 돼. 넓이로 따지면 우리나라 남북한을 합한 만큼이지. 산호초들은 대부분이 바다에 잠겨 있지만 군데군데 무수히 많은 산호초가 바다 위에 나와 있기도 해.

그레이트배리어리프는 우주에서도 보일 정도래. 아주 작은 생명체들이 모이고 모여서 만든 것이 우주에서 보인다니 놀랍지 않니? 이런 자연의 아름다움을 인정받아서 1981년에 유네스코 세계 자연 유산으로 지정되었어. 세계 유산으로 지정된 지역 중에 가장 넓은 지역이라고 할 수 있지.

바다의 열대 우림

그레이트배리어리프에는 버섯처럼 생기기도 하고 물풀처럼 생기기도 한 다양한 모양과 색깔의 산호가 가득해. 그리고 산호초를 닮아 화려한 색깔을 자랑하는 1,500여 종의 물고기도 있지. 물고기들은 산호초 속에 몸을 숨기며 살아야 하니까 화려한 색을 갖게 된 거야.

그 밖에도 달팽이, 조개, 굴, 오징어와 같은 4천여 종의 연체동물과 성게, 불가사리, 해삼과 같은 350여 종의 극피동물을 볼 수 있어. 이곳은 세계의 어느 바다보다 다양한 생물이 많기 때문에 '바다의 열대 우림' 또는 '화려한 바다 정원'이라고 불리지.

특히 이곳에는 멸종 위기에 있는 초록거북 등 전 세계 7종의 바다거북 중에서 6종이 이곳에 와서 알을 낳고 번식하고 있어. 거북의 번식기에는 거북들이 해안을 가득 뒤덮는 모습을 볼 수 있지. 또 거머리말이 많이 자라고 있어서 거머리말을 먹고 사는 포유동물 듀공도 이곳에서 살고 있어. 혹등고래도 남극에서부터 새끼를 낳으려고 이곳까지 오기도 해.

하지만 이곳에 산호의 성장을 방해하는 생물이 늘어나고 있어서 문제라고 해. 바로 산호를 먹는 가시면류관불가사리 때문이야. 크기가 약 50센티미터가 넘는 불가사리가 산호를 야금야금 먹어서 없애고 있지. 또 지구 온난화의 영향으로 폭풍이 자주 발생해서 산호들이 사라지고 있어. 게다가 관광지로 개발된 곳은 몰려드는 관광객 때문에 몸살을 앓고 있어.

그래서 정부는 1일 관광객 수를 제한하기로 했어. 그리고 관광객들에게 1인당 환경 부담금 5.5호주달러를 거둬서 각종 자연 보존 프로그램에 투자하고 있지. 우리나라 돈으로는 관광객 한 사람당 약 5천 원 정도지만 매년 300만 명이 넘는 관광객에게 걷으니까 모이면 큰돈이 되겠지?

지구의 비밀을 담고 있는 곳
남극 램버트 빙하

빙하의 대륙

빙하와 빙산이 헷갈린다고? 자, 설명을 들어 보면 금방 이해할 거야. 같은 장소에 눈이 내려 쌓이고 쌓이면 아래에 있던 눈은 위에 쌓인 눈이 누르는 힘 때문에 단단한 얼음이 되지. 그렇게 땅 위에서 수백 수천 년 동안 쌓인 눈이 단단한 얼음층으로 바뀐 것이 빙하야.

엄청난 무게의 빙하는 중력에 따라 지형이 낮은 곳으로 서서히 이동하게 돼. 그리고 빙하가 해안가에 도달하면 빙하의 끝 부분이 바다로 똑 떨어져 나가는데, 이것을 빙산이라고 하지. 바다를 떠돌아다니는 빙산은 녹을 때 빙산 속에 있던 기포 때문에 얼음에서 쉬익쉬익 소리가 난대.

'빙산의 일각'이라는 속담 들어 본 적 있지? 빙산은 90퍼센트가 물속에 숨겨져 있고 우리 눈에는 10퍼센트만 보여. 사람으로 비유하면 물 위에 머리만 내놓은 모습이라고 할 수 있지. 그래서 어떤 일에서 아주 작은 부

분밖에 보이지 않을 때에는 '빙산의 일각'이라고 표현하는 거야.

　빙산은 대부분 극지방에서 만들어져. 특히 남극에서 많이 생기지. 왜냐하면 남극에 빙하가 많기 때문이야. 지금까지 바다를 떠돌아다니는 빙산 중에서 가장 큰 것은 1956년 남극에 있는 스코트 섬의 서쪽 240킬로미터 지점에서 발견된 거야. 빙산의 길이는 335킬로미터, 너비가 97킬로미터로 벨기에라는 나라만한 크기였지. 보이는 것이 이 정도였으면 수면 아래 숨겨진 부분은 얼마나 거대했을까? 그래서 빙산은 배를 타고 항해하는 사람들에게는 매우 위험한 존재야. 1912년 타이타닉호라는 거대한 배가 그린란드의 빙산에 충돌해서 침몰한 적도 있어. 그 뒤로 또다시 사고가 일어나지 않도록 특별히 빙산을 감시하는 국제 순찰대가 생겨났지.

험난한 남극 탐험

남극은 면적이 약 1,400만 제곱킬로미터로 세계에서 다섯 번째로 큰 대륙이야. 남극 대륙은 1819년에 영국의 제임스 쿡 선장이 최초로 발견했어. 남극 대륙이 발견된 뒤 많은 탐험가들이 남극점에 먼저 도착하기 위해 경쟁을 시작했어.

그로부터 100여 년이 지난 뒤인 1911년, 노르웨이의 로알드 아문젠과 영국의 로버크 스콧이 남극점에 가기 위해 같은 시기에 출발했어. 그리고 1911년 12월 14일 아문젠이 남극점에 먼저 도착했어. 한 달 뒤인 1912년 1월에 스콧도 남극점에 도착했지. 하지만 스콧 일행은 돌아가는 길에 모두가 추위와 굶주림으로 죽고 말았어.

얼마나 추웠기에 사람들이 되돌아오지 못하고 죽게 된 걸까? 지금까지 측정된 남극의 최저 기온은 영하 89.6도야. 1983년 7월 21일 러시아의 보스토크 기지에서 관측한 것이지. 그 추위를 참으며 기온을 관측한 사람들도 대단하지? 남극은 연평균 기온이 영하 23도 정도이고 각국의 기지들이 있는 곳은 영하 5도 내외라고 해.

남극에서 가장 높은 곳은 빈슨매시프 산으로 5,140미터야. 남극점이 있는 곳은 2,835미터 높이에 얼음의 두께만 해도 2,800미터가 된다고 해. 남극 얼음의 평균 두께는 2,160미터이고 가장 두꺼운 곳은 4,800미터나 된다고 해. 그래서 전 세계 얼음 중 90퍼센트가 남극에 있지.

남극은 1년 중 6개월은 낮만 계속되고 6개월은 밤만 계속되는 곳이야. 그리고 여름이 되면 남극점에서 멀리 떨어진 남극 대륙 끝 지역은 영상

16도까지 올라가기도 한대. 물론 여름이라고 해도 남극 대륙의 고원은 늘 영하 30도에 이르는 추위가 계속되고 있어.

세계에서 가장 큰 램버트 빙하

남극의 연강수량은 500밀리미터 안팎이야. 사막에 내리는 비의 양보다도 적지. 그래서 남극을 얼음 사막이라고 부르기도 해. 하지만 남극에 있는 얼음들은 바닷물이 아니고 민물이야. 그래서 남극의 얼음은 세계 담

수량의 70퍼센트를 차지하는 양이지. 남극의 얼음을 만드는 이 많은 물은 다 어디에서 왔을까? 이건 지금도 알 수 없는 수수께끼로 남아 있어.

또 놀라운 건 빙하의 두께야. 100미터 깊이의 얼음이 만들어지려면 1천 년이라는 시간이 필요해. 그런데 얼음이 바람에 깎여 나가는 것까지 생각하면 최소한 10만 년 이상은 걸려야 얼음의 두께가 2천 미터를 넘을 수 있지.

세계에서 가장 큰 빙하는 남극 대륙 동쪽에 위치한 램버트 그래번 계곡에 있는 램버트 빙하야. 램버트 빙하의 길이는 우리나라의 서울에서 부산까지의 거리와 비슷한 400킬로미터쯤 되고 폭도 40킬로미터나 돼.

화석과 레이더 탐지기로 연구한 결과, 램버트 그래번 계곡의 예전 모습은 평탄한 강이었을 거라고 짐작하고 있어. 게다가 빙하로 덮이기 전에는 동식물이 많이 살았을 거라고 추측하지. 사실 빙하가 만들어지기 전의 남극 대륙의 기후와 지형에 대해 확실하게 알기 위해서는 빙하 아래에 있는 암석이나 침전물을 구해야 하는데 빙하가 너무 깊고 움직이기까지 하니까 쉬운 일이 아니라고 해. 그래서 그 모습은 짐작만 하고 있을 뿐이야.

남극의 주인은 누구일까?

남극은 세계에서 다섯 번째로 큰 대륙인데도 주인이 없어. 만약 남극의 빙하가 녹으면 엄청나게 넓은 땅이 나타날 거고 남극에 매장된 엄청난 양의 지하 자원이 드러날 텐데, 그렇게 되면 서로 남극의 주인이라고 주장하겠지.

　사실 여러 나라가 남극의 소유권을 주장하고 있지만 원주민도 없어서 섣불리 자기 나라 땅이라고 주장할 수가 없어. 그래서 남극은 한 나라가 소유할 수 없고 오로지 과학 연구를 위해서만 이용한다는 국제 조약이 맺어졌지. 현재 남극 조약에 가입한 국가는 50개국이고 남극 조약 협의 당사국은 우리나라를 포함해 28개국이야. 이 나라들은 2048년까지 남극 자원 개발을 금지하기로 합의하고 과학자들이 연구 기지를 세우고 연구만 하는 데만 이용하기로 했어.

　과학자들은 그곳에서 지금도 빙하를 열심히 연구하고 있어. 빙하가 만들어지던 시기의 공기, 공기 중의

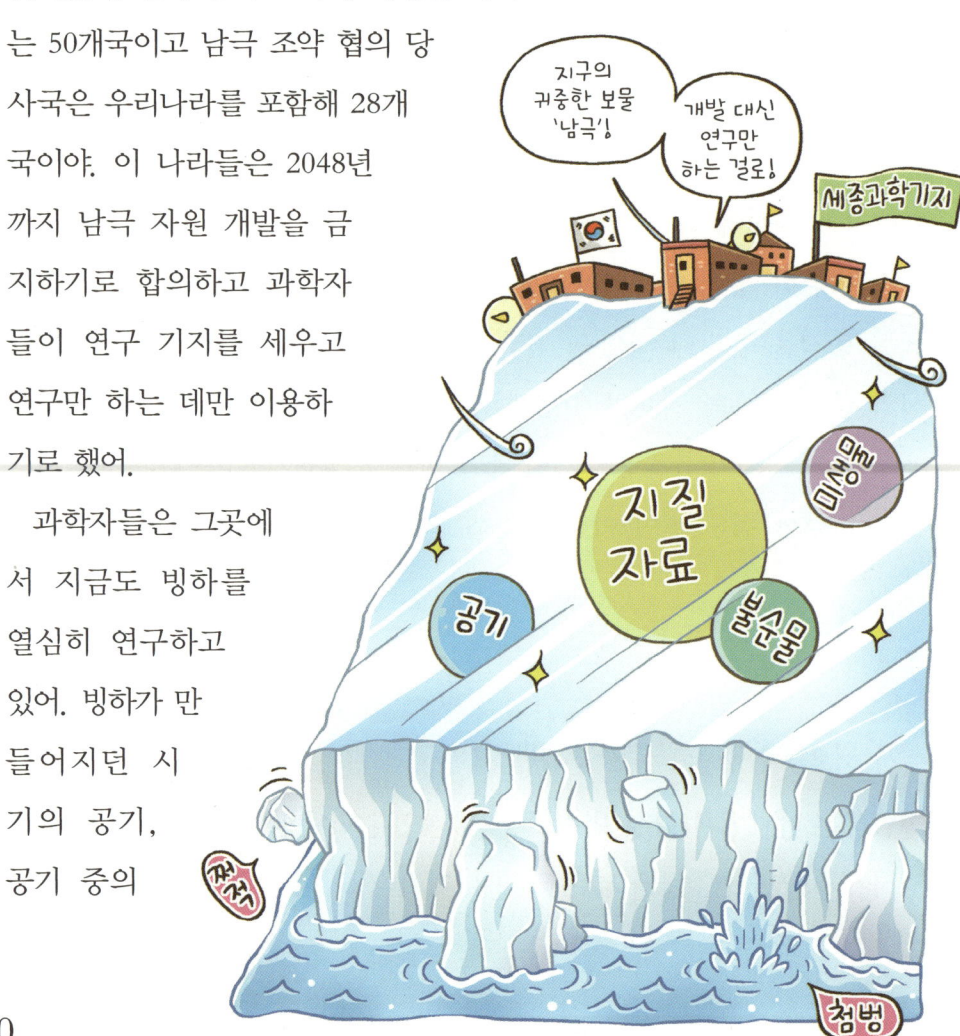

불순물, 그 시대에 살았던 미생물까지 빙하 속에 다 들어 있거든. 그것들을 연구하면 아주 오래전 지구의 대기 환경과 환경 변화를 알 수 있어. 우리나라도 1988년 2월 남극에 세종 과학 기지를 건설했고 제2호 장보고 과학 기지도 건설해서 연구 중이야.

남극에서 살아가는 생물들

남극에 사람이 살 수 없다고 생물이 전혀 없는 것일까? 아니야. 남극에는 꽃이 피는 식물도 없고 풀도 없지만 황제펭귄, 바다표범, 고래, 크릴과 같은 여러 생물들이 있어.

펭귄은 60만 년 전부터 남극의 추위에 적응해서 살기 시작했어. 펭귄은 조류이긴 하지만 날지 못하지. 하지만 수영 실력은 대단해. 물갈퀴가 달린 발과 삼각형 모양의 꼬리를 이용하여 물속에서 빠르게 움직일 수 있지. 펭귄들은 물속에서 시속 24킬로미터의 속도로 헤엄치고 있어. 마라톤 선수가 달리는 속도보다 빠른 거라고 해. 사실 맘먹고 더 빠르게 헤엄치면 시속 48킬로미터의 속도도 낼 수 있지.

남극에 고래, 펭귄, 물개 등이 살 수 있는 것은 크릴이 있기 때문이야. 우리는 보통 크릴을 새우라고 알고 있는데 크릴은 새우가 아니야. 길이가 4~6센티미터로 크고 새우와 비슷하게 생겼지만 크릴은 동물 플랑크톤의 일종이지.

남극에서 가장 큰 걱정거리는 지구 온난화로 인해 남극의 얼음이 녹

남극 펭귄

고 있다는 거야. 남극의 얼음이 다 녹는다면 전 세계의 바닷물 높이가 60~70미터 정도가 올라가게 된다고 해. 그러면 세계 곳곳의 지대가 낮은 지역은 대부분 물에 잠긴대. 결국 이 문제는 남극만의 걱정거리가 아니고 전 세계의 걱정거리인 거지.

얼음 속의 기적 북극권 툰드라

'에스키모'라고 부르지 말아 줘!

북극하면 떠오르는 것은 뭐니? 광활한 얼음 벌판 위에 있는 북극곰 그리고 에스키모와 이글루가 떠오른다고? 실제로 약 5천 년 전부터 그린란드와 캐나다 북부, 시베리아 북부 지방에는 에스키모라고 불리는 이누이트 족이 살고 있었어. 지금도 곳곳에 약 10만 명 정도의 이누이트 족이 살고 있지.

예전에는 이누이트 족을 에스키모라고 불렀어. 그런데 에스키모는 '날고기를 먹는 인간'이라는 뜻이야. 그래서 이누이트 족은 사람들이 자신들을 에스키모라고 부르는 것을 무척 싫어한대.

이누이트 족은 북극해에 사는 고래나 물고기, 곰 등을 사냥하고 순록을 키우면서 살아 왔어. 얼음 위를 이동할 때에는 개썰매를 주로 이용하지. 요즘에는 얼음 위를 달릴 수 있는 자동차를 종종 이용하기도 한대.

남극은 대륙! 북극은 바다!

남극과 북극은 지구의 양 끝에서 꼭지점을 담당하고 있어 겉보기에는 비슷해 보이지만 확실한 차이가 있어. 남극에는 아주 두꺼운 얼음 아래 육지가 있고 북극은 얼음으로 덮여 있는 바다지. 그래서 북극은 대륙이 될 수 없어.

지리적으로 북위 66도쯤부터 지구 자전축의 꼭짓점인 북위 90도 북극점까지를 북극권이라고 해. 북극권은 북극점을 중심으로 총 면적 3천만 제곱킬로미터에 해당되는 지역이야. 그중에서 유라시아 유럽과 아시아를 아울러 이르는 이름 대륙과 북아메리카 대륙으로 둘러싸여 있는 북극해의 면적은 약 1,400만 제곱킬로미터로 전 세계 바다의 3퍼센트에 해당되지.

북극권에는 미국, 캐나다, 러시아, 노르웨이, 덴마크의 5개의 나라가 포함되어 있어. 지구를 쫙 펴서 그린 평면 지도를 보면 알래스카를 제외하고 서로 멀리 떨어진 것처럼 보이지? 하지만 실제로는 시베리아 북부 지역과 알래스카와 캐나다 북부는 북극점을 중심으로 상당히 가까운 거리에서 마주 보고 있지.

북극의 겨울철 평균 기온은 영하 3도이고 여름철에는 영상 10도까지 올라. 남극에 비해 상대적으로 덜 춥다고 할 수 있지. 그렇지만 극한의 추위가 없는 건 아니야. 러시아 베르호얀스크에서 관측된 북극의 최저 기온은 영하 70도라고 하니까 말이야.

얼어붙은 땅 툰드라

툰드라 지역은 매우 추운 지역으로 1년 내내 땅이 얼어붙어 있는 곳이야. 그래서 동물도 거의 없고 식물도 다양하지 않지. 지구상에는 두 종류의 툰드라가 있어. 하나는 북극 툰드라이고 다른 하나는 고산 툰드라야. 북극 툰드라는 북극을 둘러싼 지역으로 대부분 북유럽, 시베리아 북부, 알래스카, 캐나다 북부, 그린란드 등이야. 고산 툰드라는 전 세계에 있는 아주 높은 산꼭대기를 가리키지.

북극 툰드라 지역은 비나 눈이 거의 오지 않아. 게다가 영하의 기온 때문에 고산 툰드라와는 달리 영구동토층이 존재하지. 영구동토층이란 항상 얼어붙어 있는 지층을 말해. 연중 지층의 온도가 0도 이하거든. 그래서 식물이 뿌리를 깊이 내릴 수가 없어. 그리고 얼어붙은 땅은 물이 빠지지 않기 때문에 땅이 습해. 그래서 햇빛을 필요로 하지 않고 뿌리가 얕지만 매서운 바람에 잘 견디는 지의류나 이끼 정도만 자랄 수 있어. 이 지역은 바람이 세게 불어서 키가 크면 바람에 잘리거나 뽑히기 때문이지. 이끼나 지의류 식물은 서로 가까이 있는 식물끼리 뿌리가 엉켜 있어서 바람에 쉽게 뽑히지 않아.

툰드라 지역에도 여름이 되면 땅이 조금 녹아서 약 50일 정도 식물이 자라는 기간이 있어. 물론 겉에 있는 얼음만 녹고 땅속은 여전히 얼어 있지. 물이 아래로 빠지지 않기 때문에 곳곳에 얕은 물웅덩이가 만들어져 있을 뿐이야. 그래도 그 물이 식물이 자라는 데 많은 도움을 줘. 하지만 그 기간이 매우 짧기 때문에 툰드라의 식물은 짧게 자라고 빨리 꽃을 피

툰드라의 여름

워. 툰드라에 식물이 땅 위를 완전히 덮어 버리는 이 시기가 되면 순록, 사향소 등의 대형 초식 동물은 그동안에 먹이를 많이 먹어 두지.

툰드라에서 살아가는 사람들

툰드라 지역에는 이누이트, 알류트, 유픽 족 등 다양한 민족이 살고 있어. 사실 오래전 툰드라에 사는 사람들은 순록을 잡아먹으며 살았어. 순록은 이끼류와 지의류를 뜯어 먹기 위해서 툰드라의 이곳저곳을 옮겨 다녔지. 그러면 인간도 순록을 쫓아서 옮겨 다녔어. 그때 남자들은 창과 작살만을 들고 가벼운 차림으로 옮겨 다니고, 여자들은 움막을 분해해서 등에 지고 남자들을 따라갔대. 아마 남자들이 재빠르게 사냥을 해야 해서 그랬을 거야.

지금도 시베리아 북쪽 끝에 살고

있는 추크치 족은 순록을 이끌고 드넓은 툰드라 지대를 돌아다니면서 생활해. 그리고 툰드라에 사는 나그네쥐나 토끼 같은 작은 포유류를 사냥하며 살지. 옛날과 조금 달라진 것은 지금은 사람들이 순록을 사냥하지 않고 키우며 살고 있다는 거야. 툰드라에서 가축으로 키울 수 있는 동물은 순록뿐이기 때문이야.

북극의 동물들과 인간

툰드라 지역을 포함한 북극에는 흰곰, 북극여우, 북극레밍, 눈토끼, 순록, 북극제비갈매기, 바다코끼리, 고래 등이 살고 있어. 대부분 몸에 두꺼운 지방층과 털이 있어서 추위에 잘 적응하는 동물들이지.

북극을 대표하는 동물은 북극곰이야. 몸의 길이가 3미터 이상이고 무게는 600킬로그램 이상이래. 북극곰은 바다표범이나 물고기, 바다코끼리 새끼 등을 잡아먹지. 북극곰은 거대한 발로 다 자란 바다표범도 죽일 수 있을 정도로 힘이 세. 그래서 이누이트 족은 북극곰을 '나눅'이라고 불러. '무서운 사냥꾼'이라는 뜻이야.

옛날에는 이누이트 족도 북극곰을 사냥했지만, 지금은 북극곰의 수가 너무 많이 줄어들어서 잘 잡지 않아. 최근에는 먹이가 부족해진 북극곰이 이누이트 족의 마을까지 내려와 사람을 위협하는 일이 많아졌다고 해.

북극에서 살던 원주민들은 고래도 많이 사냥했어. 기름과 고기를 많이 얻을 수 있기 때문이야. 고래 한 마리를 잡으면 온 마을 사람들이 배부르

북극곰

게 먹을 수 있는 고기를 얻을 수 있었지. 옛날에는 별다른 도구가 없어서 돛단배를 타고 노를 저어 고래를 추격하는 방식으로 사냥을 했어. 고래는 숨을 쉬기 위해서 자주 바다 위로 모습을 드러내야 했기 때문에 추격하기 수월했지.

하지만 커다란 작살 총이 달린 포경선_{고래를 잡기 위해 장비를 갖춘 배}이 만들어진 후에는 고래잡이가 더욱 쉬워졌지. 결국 사람들의 탐욕 때문에 북극의 고래는 멸종 위기에 처하게 되었어. 그래서 지금은 많은 나라가 매년 잡을 수 있는 고래의 수를 정해서 고래의 멸종을 막으려고 노력하고 있어.

사진 판권

15쪽 히말라야 산맥에 있는 돌집 마을 ⓒⓘ ilkerender

32쪽 바이칼 호수 ⓒⓘ fennU2

35쪽 한겨울의 바이칼 호수 ⓒⓘ Jim Linwood

36쪽 네르파 ⓒⓘ Sergey Gabdurakhmanov

60쪽 눈 덮인 융프라우 산 ⓒ송혜원

102쪽 컬럼비아 대빙원 ⓒⓘ Pascal

128쪽 야레타 ⓒⓘ Miguel Vieira

166쪽 그랑칭기 ⓒⓘ Arno GARDIES

177쪽 울루루 ⓒ송혜원

* 이 사진들은 렛츠씨씨 혹은 저작권자를 통해 받았습니다.
* 저작권자 표기가 누락되었거나 잘못된 부분이 있으면 후에 바로잡겠습니다.